COURIR

David Simpson

Every year in the days leading up to Ash Wednesday, Mardi Gras associations in rural communities of Southwest Louisiana organize Mardi Gras courirs or runs in which costumed revelers go from house to house in the countryside begging to obtain the ingredients for a communal meal. They are led by a capitaine who, when they arrive at a farm house or other pre-arranged stop, obtains permission to enter private property, after which the Mardi Gras (as the runners and beggars are known) charge toward the front of the house, where they sing, dance, and beg until the owner provides them with an ingredient for a gumbo, a highly seasoned thick stew served over rice to which a courir's cooks add chicken and sausage. The gumbo is offered to the community - the Mardi Gras - at the end of the run. Frequently, home owners throw a live chicken in the air for the Mardi Gras to chase, converging together like football players competing to try to recover a fumble.

The Mardi Gras wear costumes that conceal their identities and that also follow a very old tradition of mocking the roles of those in authority. Many wear high-pointed conical hats or capuchons that in centuries long ago parodied the headdress of noble ladies and that were also associated with dunces. Their costumes display a range of brightly colored patterns. The unique handmade masks that hide their identities are constructed by gluing or attaching onto a wire screen a variety of materials to represent exaggerated facial features.

When first encountered, courirs may appear to be pure mayhem, but each courir has rules that are enforced by the capitaine. Mock fights may break out between the Mardi Gras and a capitaine or co-capitaines as part of the play that goes on in some courirs. However, everything that happens stays within the limits of established traditions. Begging Mardi Gras may pester onlookers and, for example, tie together the shoe laces of someone who doesn't come up with money fast enough. They may pretend to steal any loose object around them or engage in other mischief, but what may initially be unsettling to onlookers is all just part of Mardi Gras.

Chaque année, dans les jours précédant le début du Carème, les associations de Mardi Gras des communautés rurales du sud-ouest de la Louisiane organisent des «courir» de Mardi Gras au cours desquels des fêtards costumés vont de maison en maison à travers la campagne pour mendier les ingrédients nécessaires à un banquet commun. Ils sont conduits par un capitaine qui, lorsqu'ils arrivent à une ferme ou autre habitation obtient l'autorisation de la part du propriétaire de pénétrer sur les lieux, après quoi les Mardi Gras (nom donné aux coureurs et aux mendiants) se dirigent sur le pas de la maison, où ils chantent, dansent et mendient jusqu'à obtenir un des ingrédients pour le Gumbo à venir, ragoût épais très assaisonné servi sur du riz auquel les cuisiniers d'un «courir» ajoutent du poulet et de la saucisse. Le Gumbo est ensuite partagé par la communauté - le Mardi Gras - à la fin de la course. Souvent, les propriétaires lancent un poulet vivant en l'air pour que les Mardi Gras le poursuivent, convergeant ensemble comme des joueurs de rugby se ruant dans une grande mêlée.

Les Mardi Gras portent des costumes qui dissimulent leur identité, hérités d'une très ancienne tradition française consistant à profiter de l'anonymat ainsi acquis pour moquer et défier l'autorité et ses représentants. Nombre d'entre eux portent des chapeaux coniques à pointe haute ou capuchons qui, il y a des siècles, parodiaient la coiffure des nobles dames et étaient également associés aux cancres. Leurs costumes sont ornés de motifs aux couleurs vives et leurs masques uniques, faits à la main qui cachent leur identité sont construits en collant ou en attachant sur un écran métallique une variété de matériaux pour représenter les traits exagérés du visage.

Au premier regard, un «courir» peut paraître hautement anarchique et chaotique, Cependant, il est bon de noter que chaque «courir» possède ses propres règles spécifiques que le capitaine veille à voir respectées. Si des bagarres simulées (ou non) peuvent éclater entre des membres du Mardi Gras et un capitaine, il est important de noter que les limites des traditions établies sont toujours respectées. Ainsi, les Mardi Gras mendiants peuvent importuner les badauds en nouant les lacets des chaussures de quelqu'un qui ne trouve pas assez vite de l'argent, en faisant semblant de voler n'importe quel objet qui traîne autour d'eux ou en se livrant à d'autres espiègleries diverses.

The participants in Mardi Gras escape from ordinary life partly through the alcohol many consume in their festive quest, but even more through the roles they portray as beggars and pranksters doing their best to unsettle everyone around them with their wild antics. As they act out their parts in a raucous, gaudy pageant, they are freed from the restraints that confine them every other day in the year. The participants engage in a kind of play that is much more than just a joke. Many are intensely passionate about the experience of running Mardi Gras that they feel is at the core of their Cajun and Creole heritages. The brief, wild escape from the ordinary cares of life offered by Mardi Gras should be understood in juxtaposition with Ash Wednesday and its reminder of earthly mortality. Each year, Lent is observed by many Catholics throughout the region with acts of penance or discipline in preparation for the celebration of Easter and its promise of spiritual immortality.

The rural Mardi Gras traditions in Louisiana, folklorists say, go back at least as far as medieval times. By the latter part of nineteenth century, the Mardi Gras courir or run occurred in small communities in French-speaking sections of Louisiana. The human impulse that underlies Mardi Gras has not diminished today, even if, in various locations, the traditions lapsed for several decades and even if one factor in their revival by some in subsequent generations may have partly been a desire to enhance tourism. Anyone who has seen the procession of Mardi Gras riders brightly costumed in myriad colors advancing across the drab late-winter countryside is also likely to be swept up in the timeless moment. In rural Acadiana, Mardi Gras lives as much today as it did in centuries past.

David Simpson

***

This book includes photos taken between 1999 and 2023 during Mardi Gras courirs in Southwest Louisiana from Basile, Church Point, Egan, Elton, Eunice, Faquetigue, Lejeune Cove, Mamou, Mermentau, Soileau, and Tee Mamou.

Les participants au Mardi Gras s'évadent de leur vie quotidienne en partie grâce à l'alcool qu'ils consomment dans leur quête festive, mais plus encore grâce aux personnages qu'ils incarnent. A travers un spectacle bruyant et criard, Is se libèrent des contraintes qui pèsent sur eux tous les autres jours de l'année. Toutefois, ce jeu en apparence puéril est considéré par beaucoup comme bien plus qu'une simple plaisanterie. Si l'expérience du Mardi Gras est vécue avec autant de passion, c'est qu'elle est considérée comme étant au cœur des héritages Cajun et Créole de la région. Ce moment d'évasion et d'abstraction d'une vie ordinaire et des soucis l'accompagnant est naturellement d'autant plus vif qu'il précéde le début du Carème et son rappel de la mortalité terrestre à travers des actes de pénitence ou de discipline censés préparer la célébration de Pâques et de sa promesse d'immortalité spirituelle.

Les traditions rurales de Mardi Gras en Louisiane remontent à la fin du XIXe siècle, lorsque les «courir» se déroulaient dans les petites communautés des régions francophones de la Louisiane. La vigueur du phénomène n'a pas diminué aujourd'hui, même si, en divers endroits, les traditions sont tombées en désuétude pendant plusieurs décennies avant de renaître sous l'impulsion de plus jeunes génération et en partie mues par un désir d'accroître le tourisme local. Il est en effet évident que quiconque a vu le cortège de cavaliers du Mardi Gras, vêtus d'une myriade de couleurs, et ses coureurs s'avancer dans la campagne morne de la fin de l'hiver, est également susceptible d'être emporté par ce moment hors du temps laissant penser qu'en pays Cadien, le Mardi Gras à de beaux jours devant lui.

David Simpson

***

Ce livre comprend des photos prises entre 1999 et 2023 pendant les courirs de Mardi Gras du sud-ouest de la Louisiane à Basile, Church Point, Egan, Elton, Eunice, Faquetigue, Lejeune Cove, Mamou, Mermentau, Soileau, et Tee Mamou. Toutes les photographies sont de David Simpson.

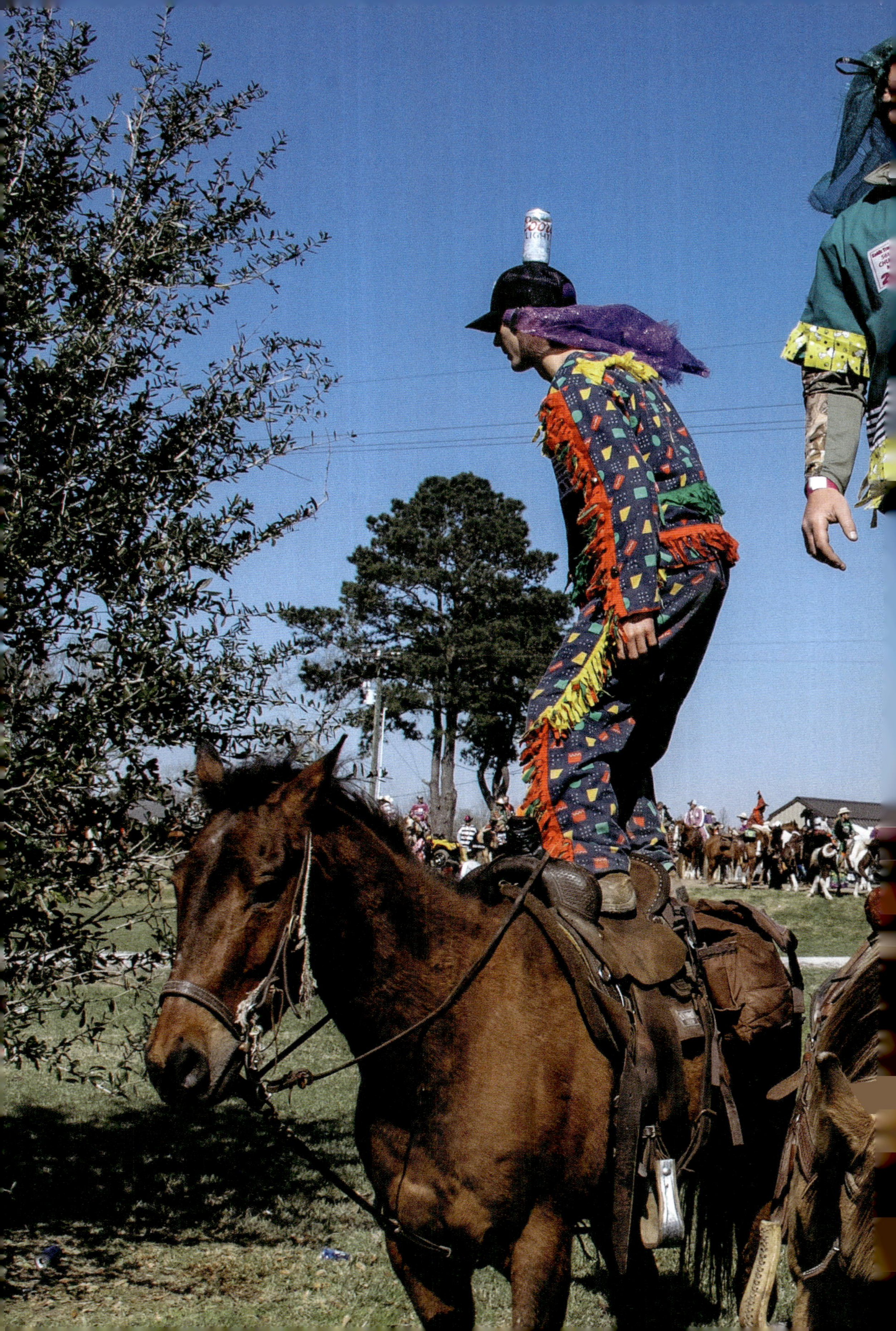

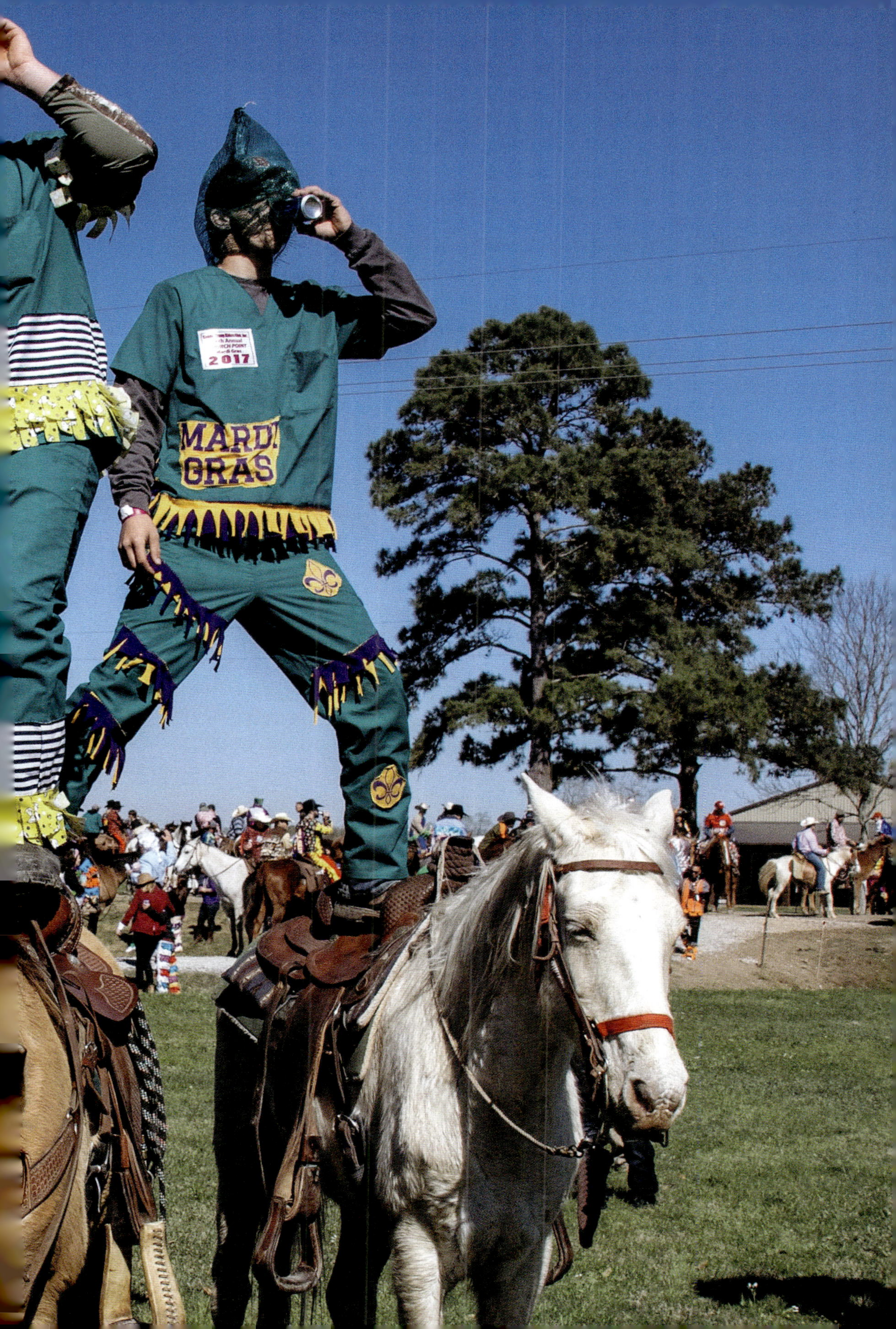
Annual
2017
GRAS

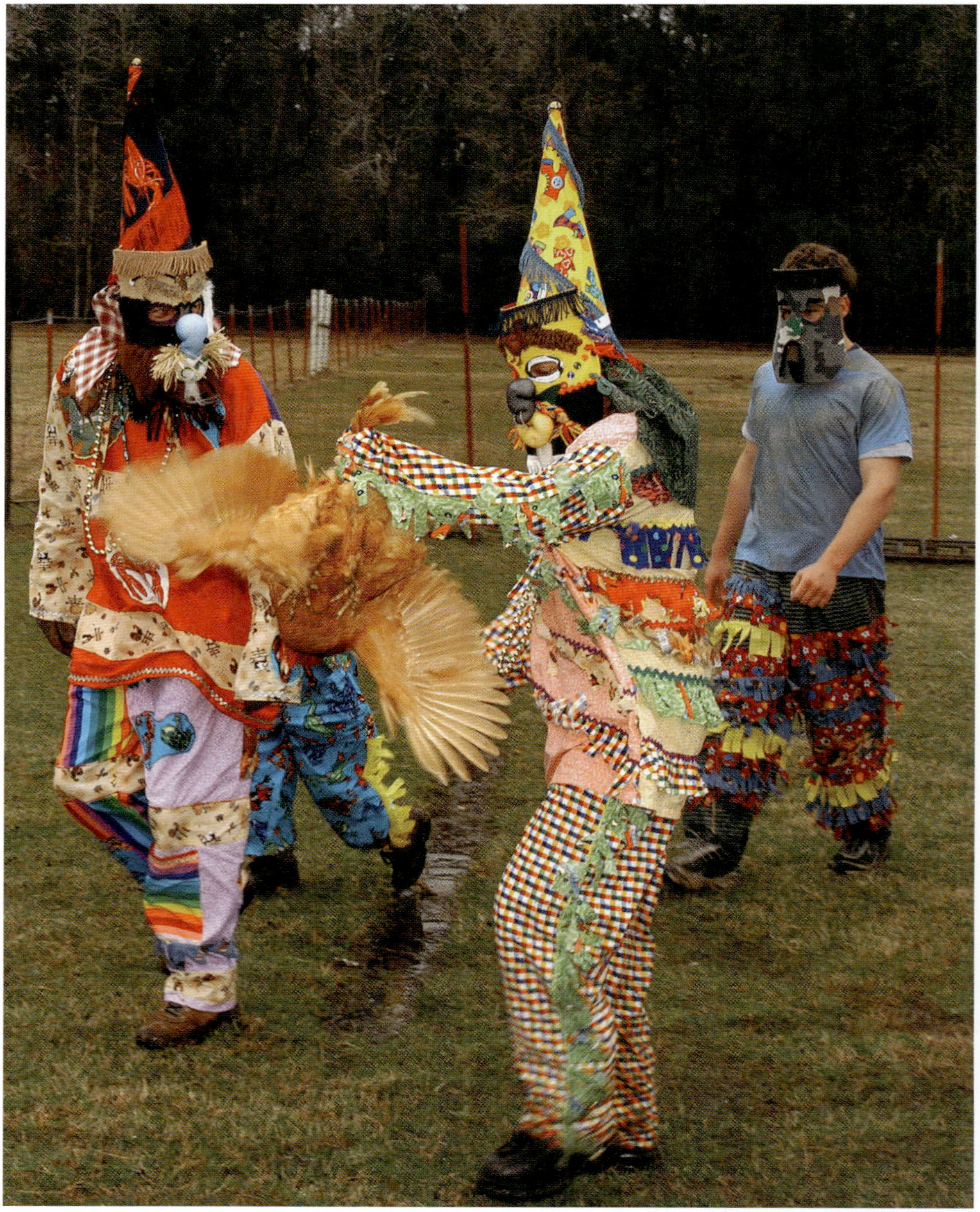

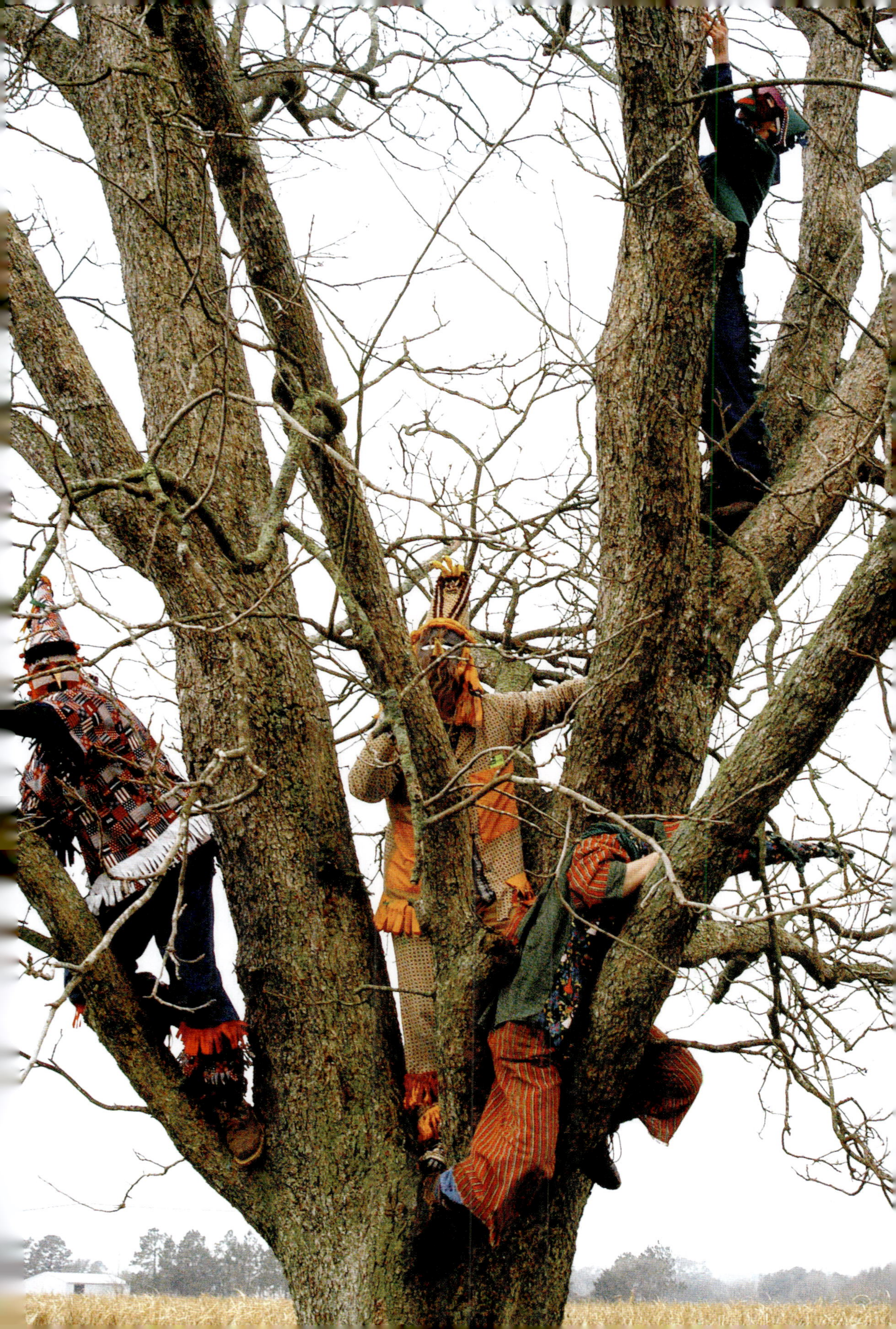

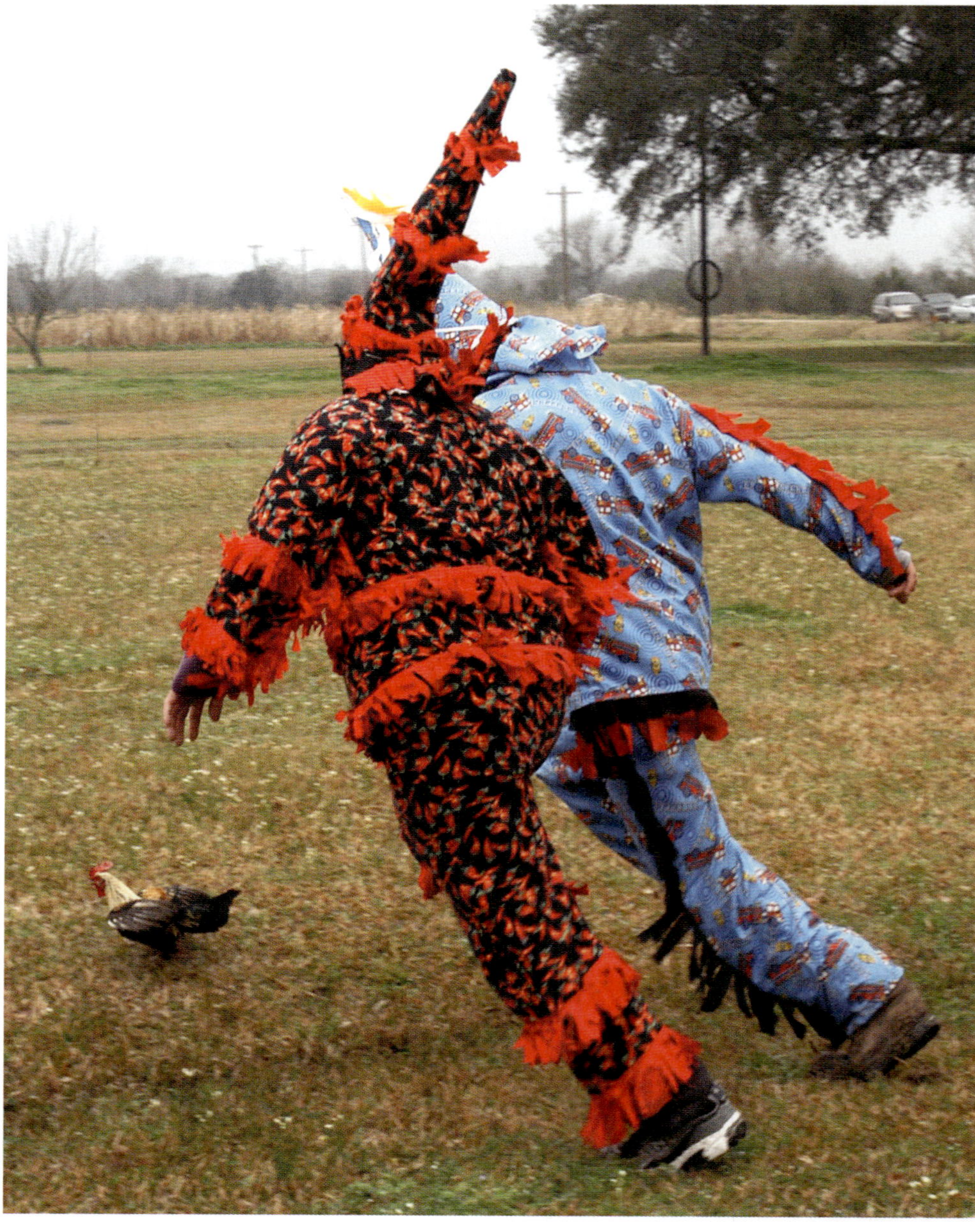

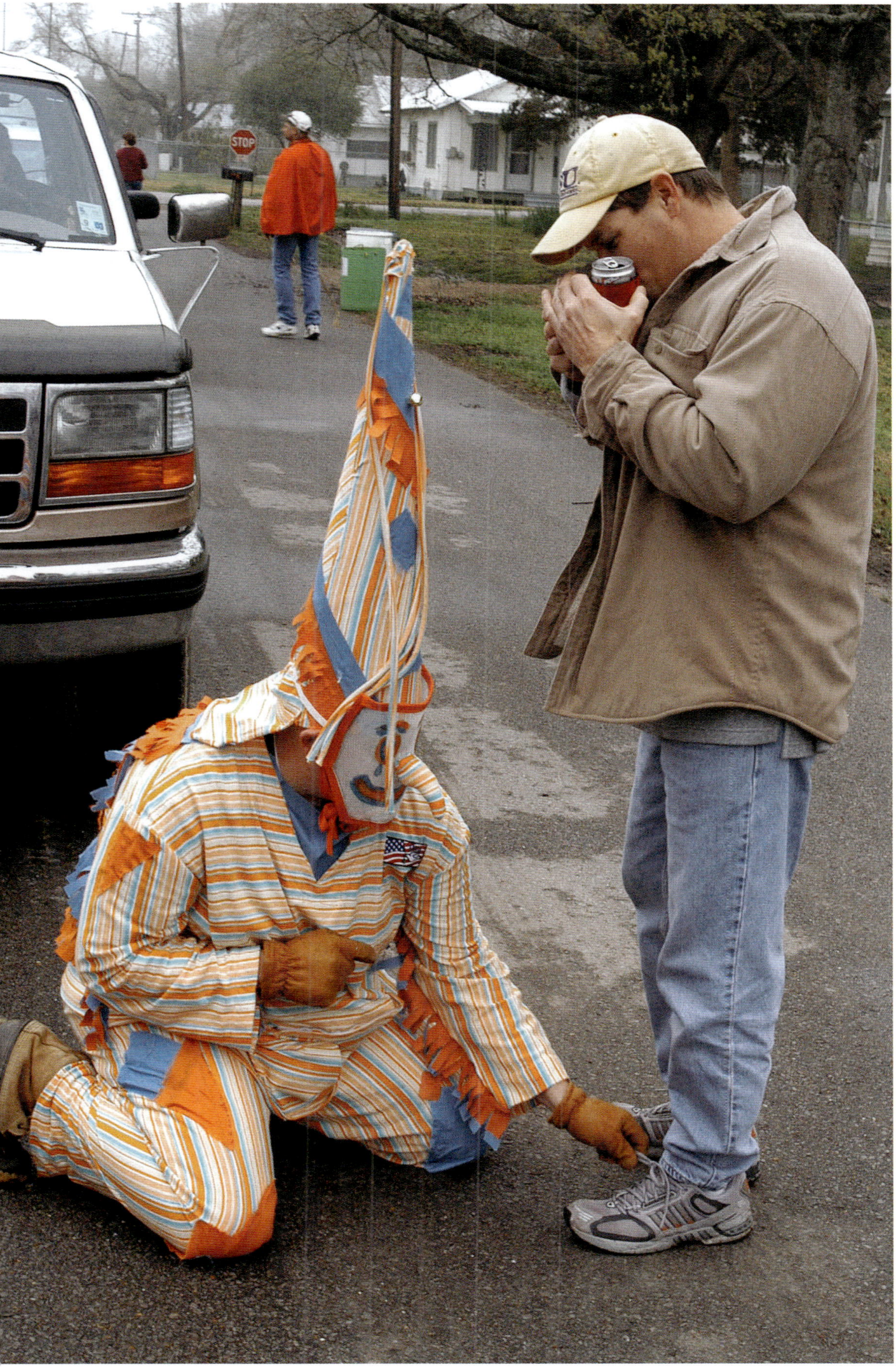
STOP

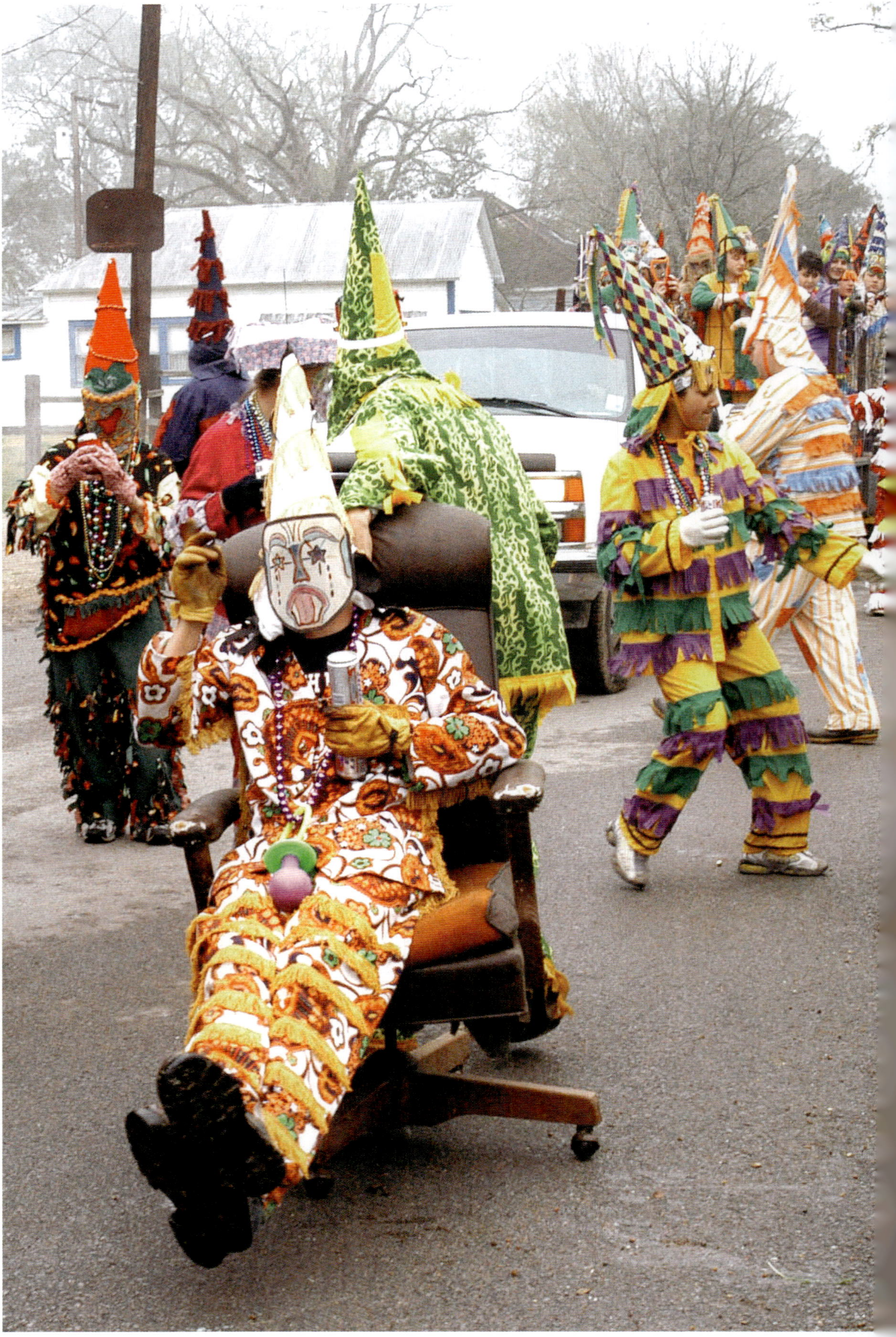

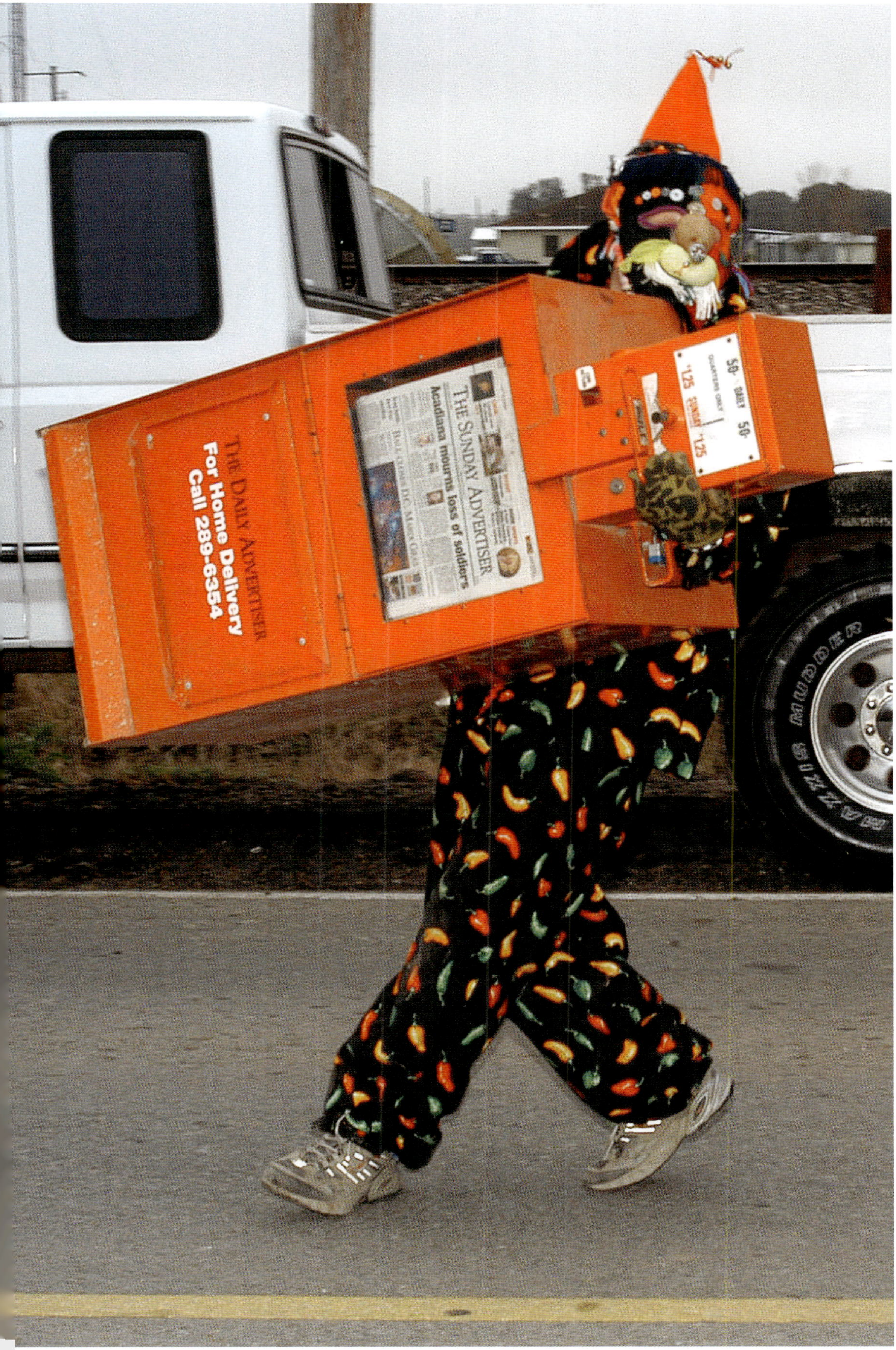
The Daily Advertiser
For Home Delivery
Call 289-6354
The Sunday Advertiser
Acadiana mourns loss of soldiers
50¢ Daily 50¢
Quarters only
$1.25 Sunday $1.25
Mudder
Maxxis

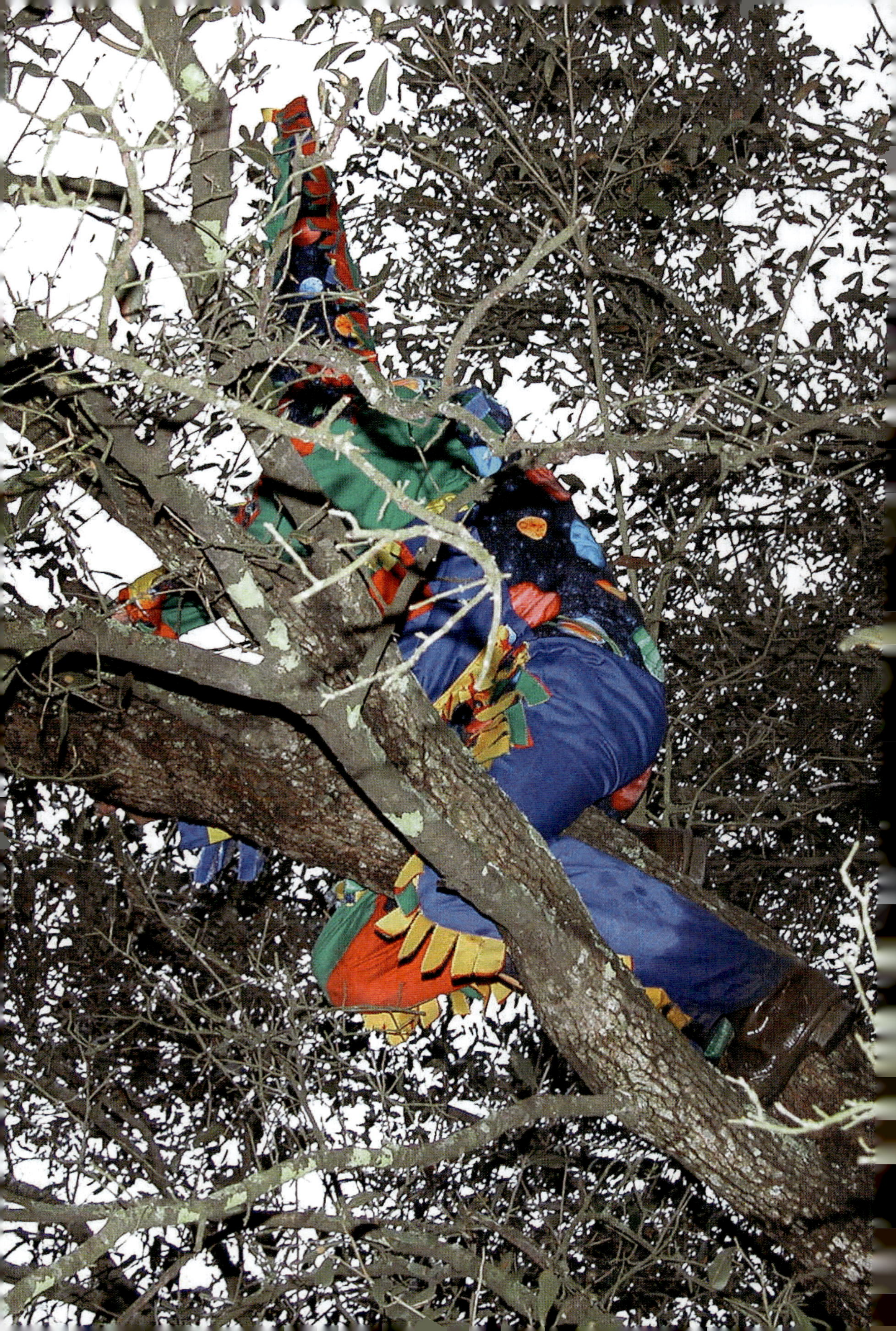

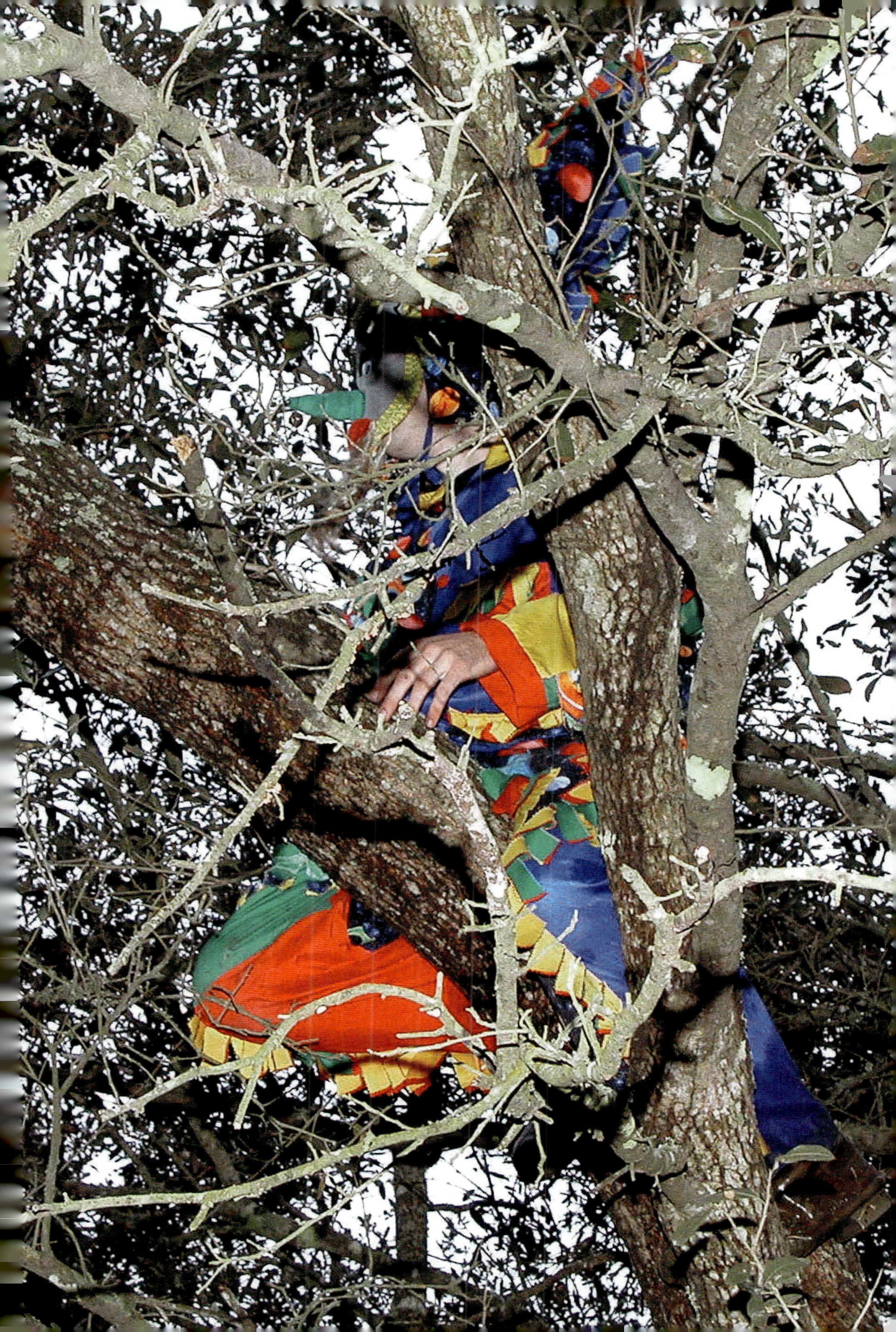

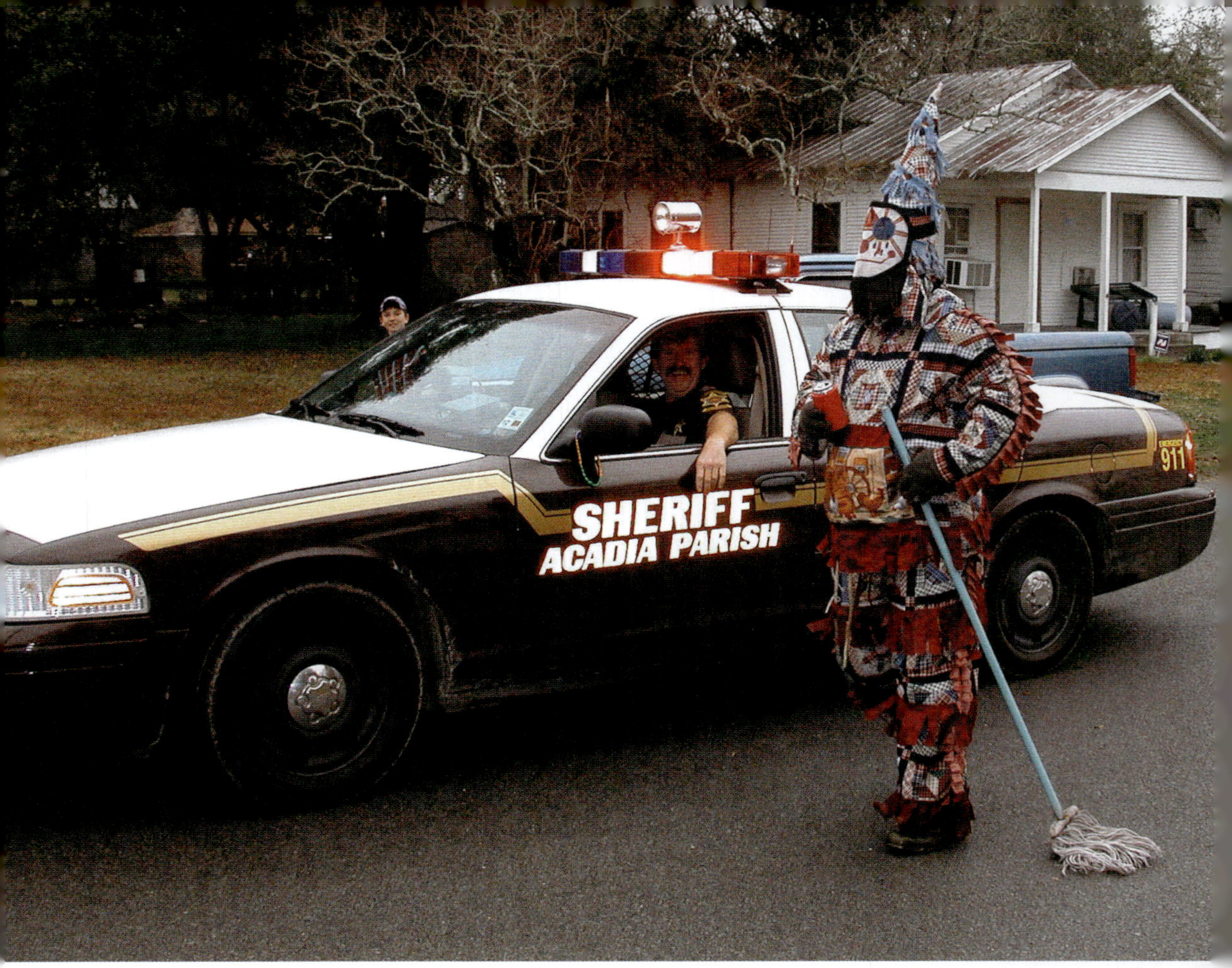
SHERIFF
ACADIA PARISH
911

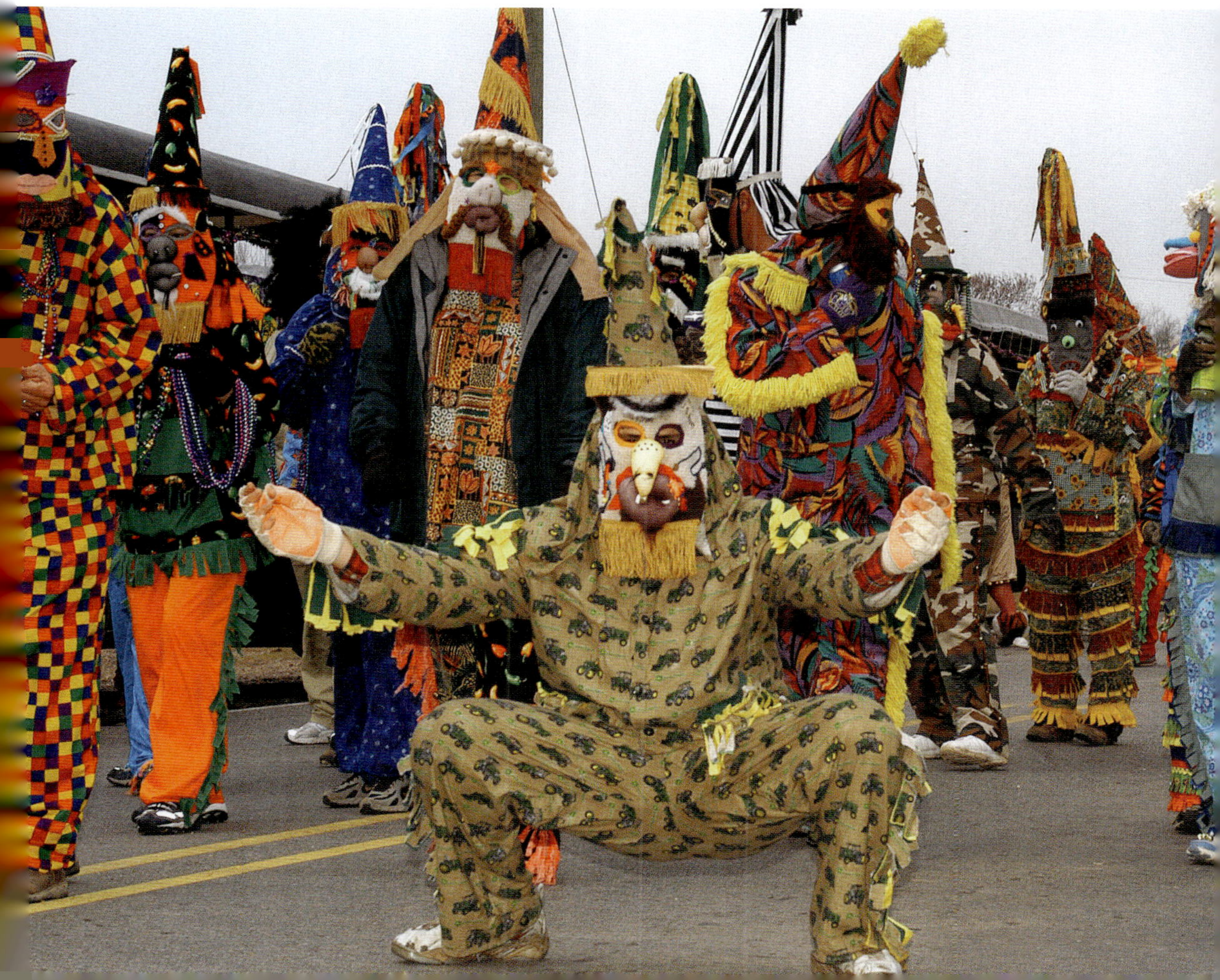

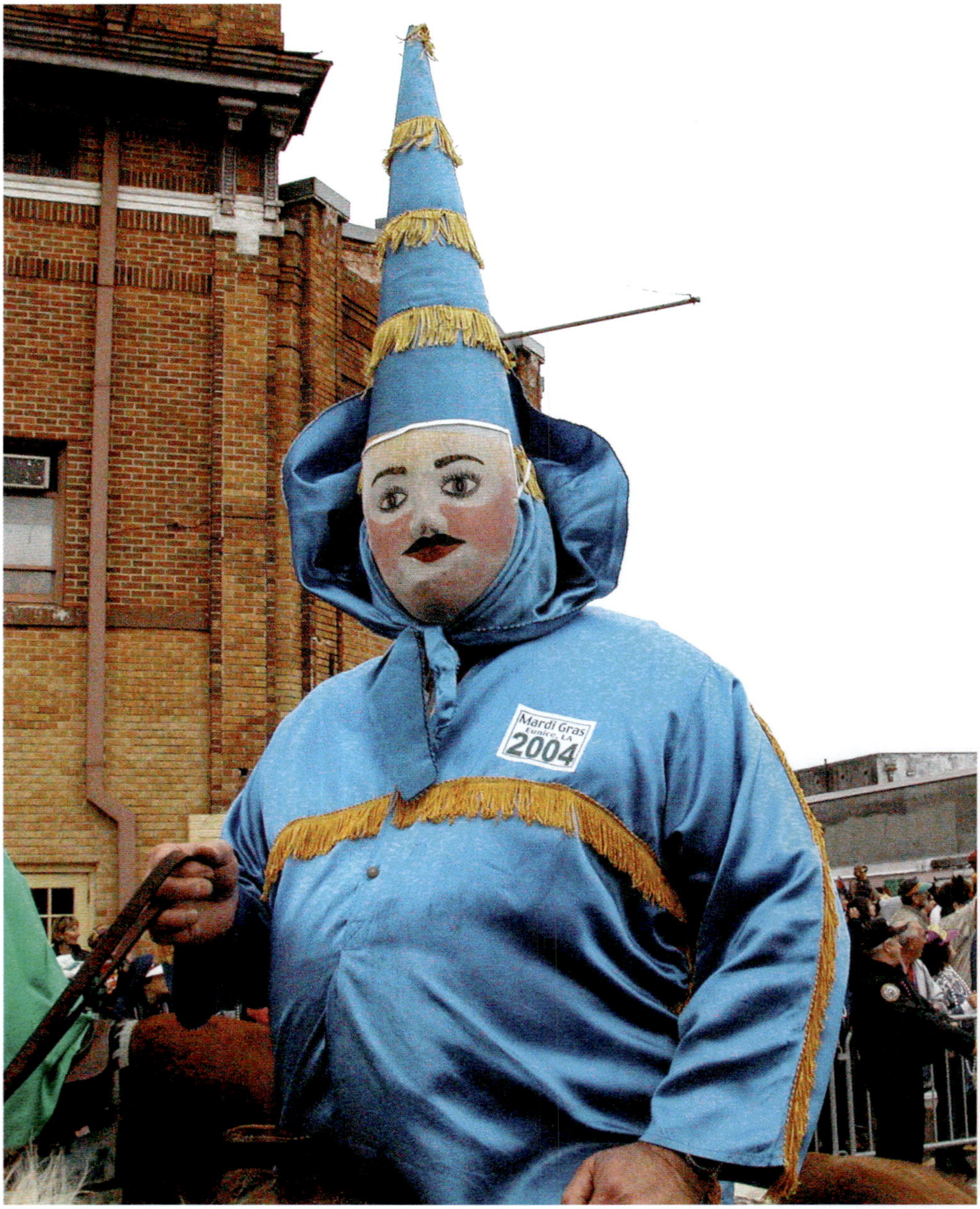
Mardi Gras
Eunice, LA
2004

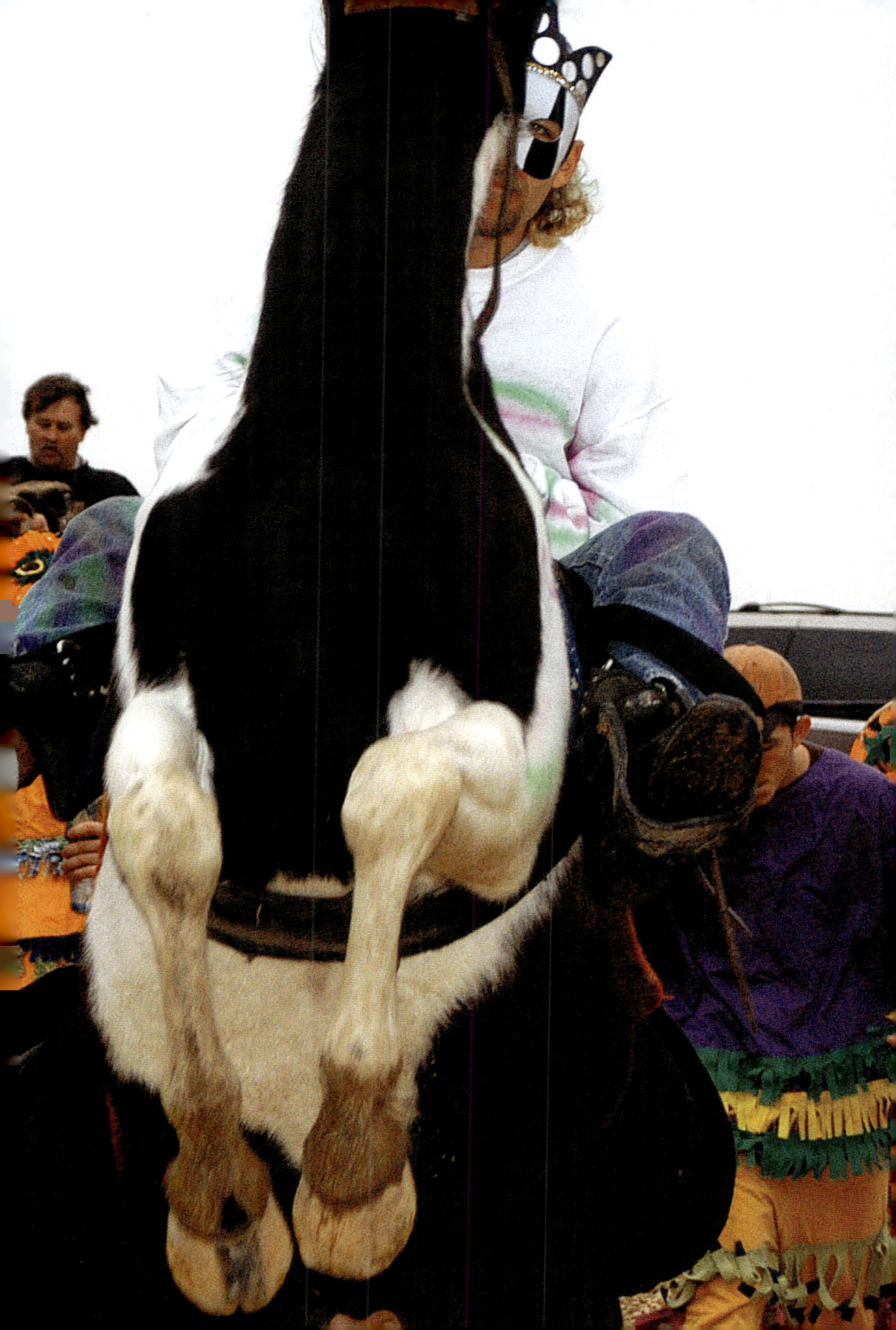

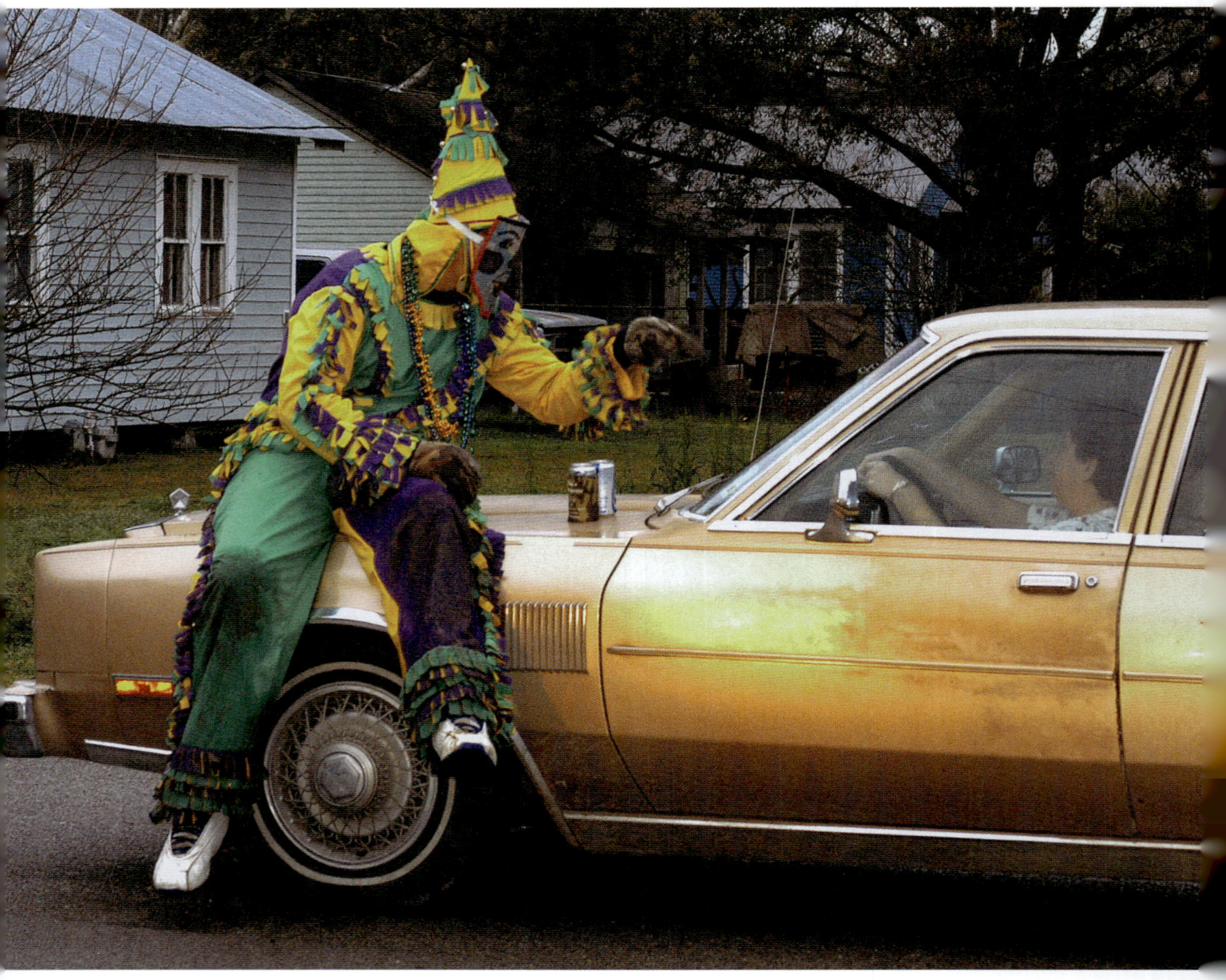

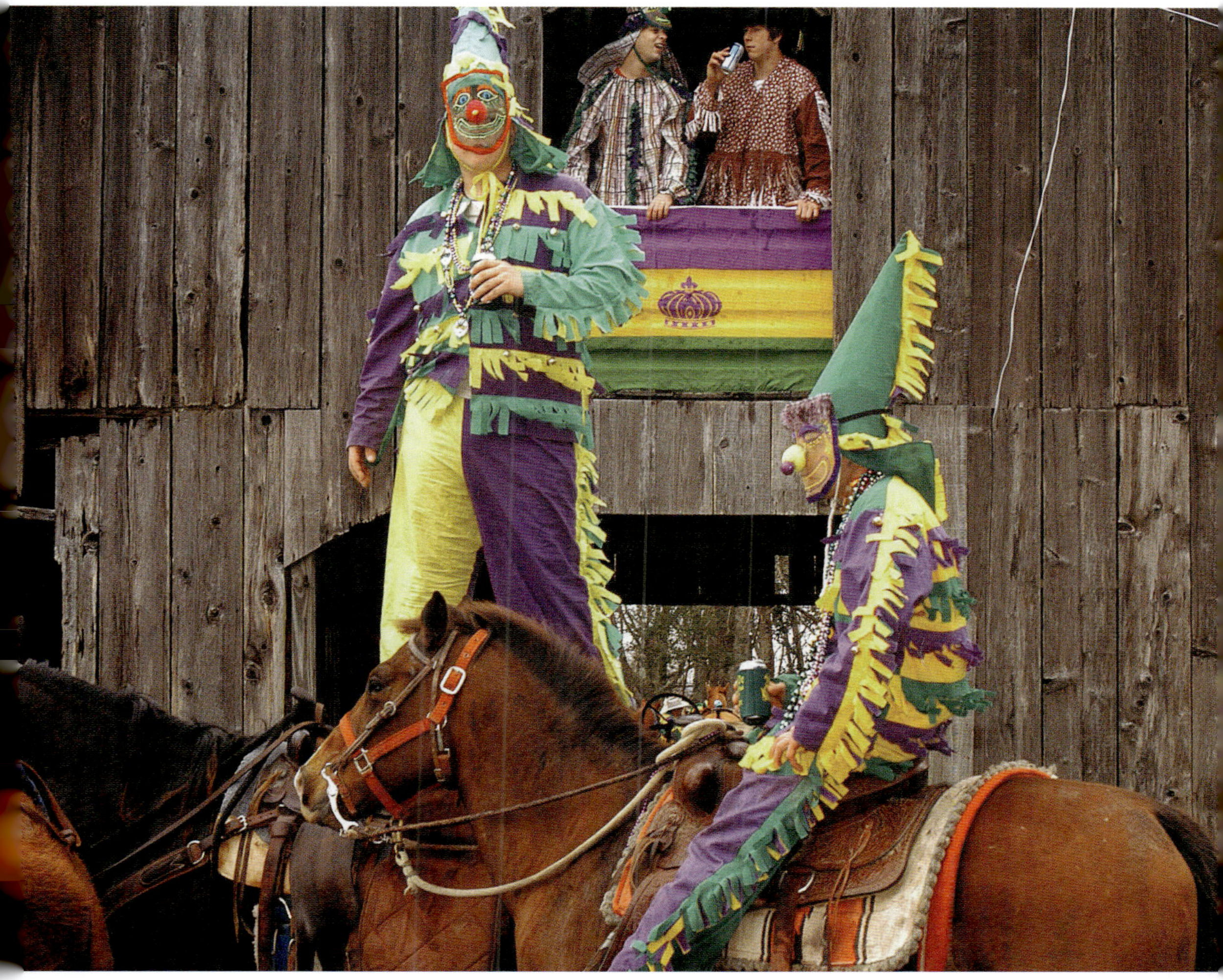

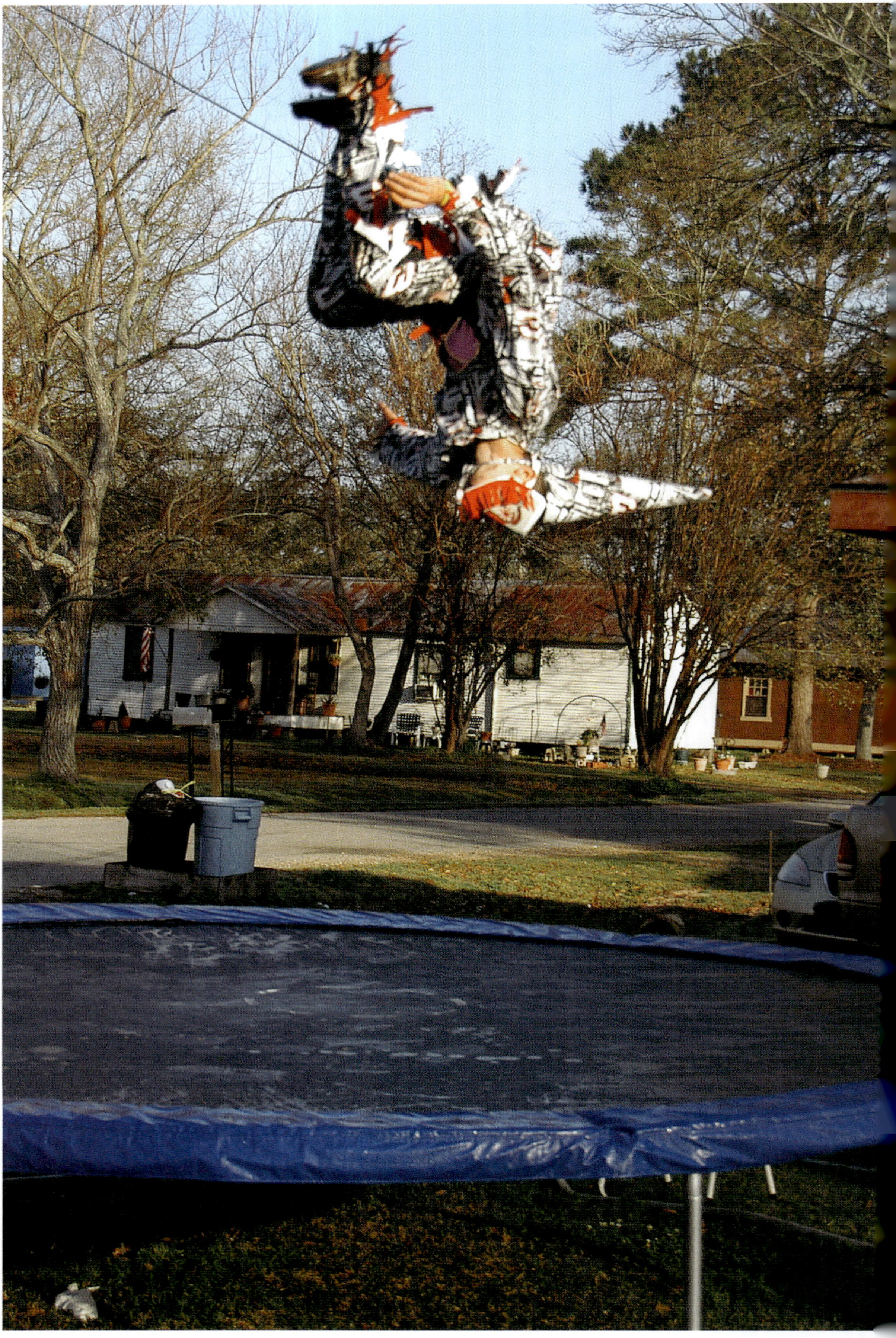

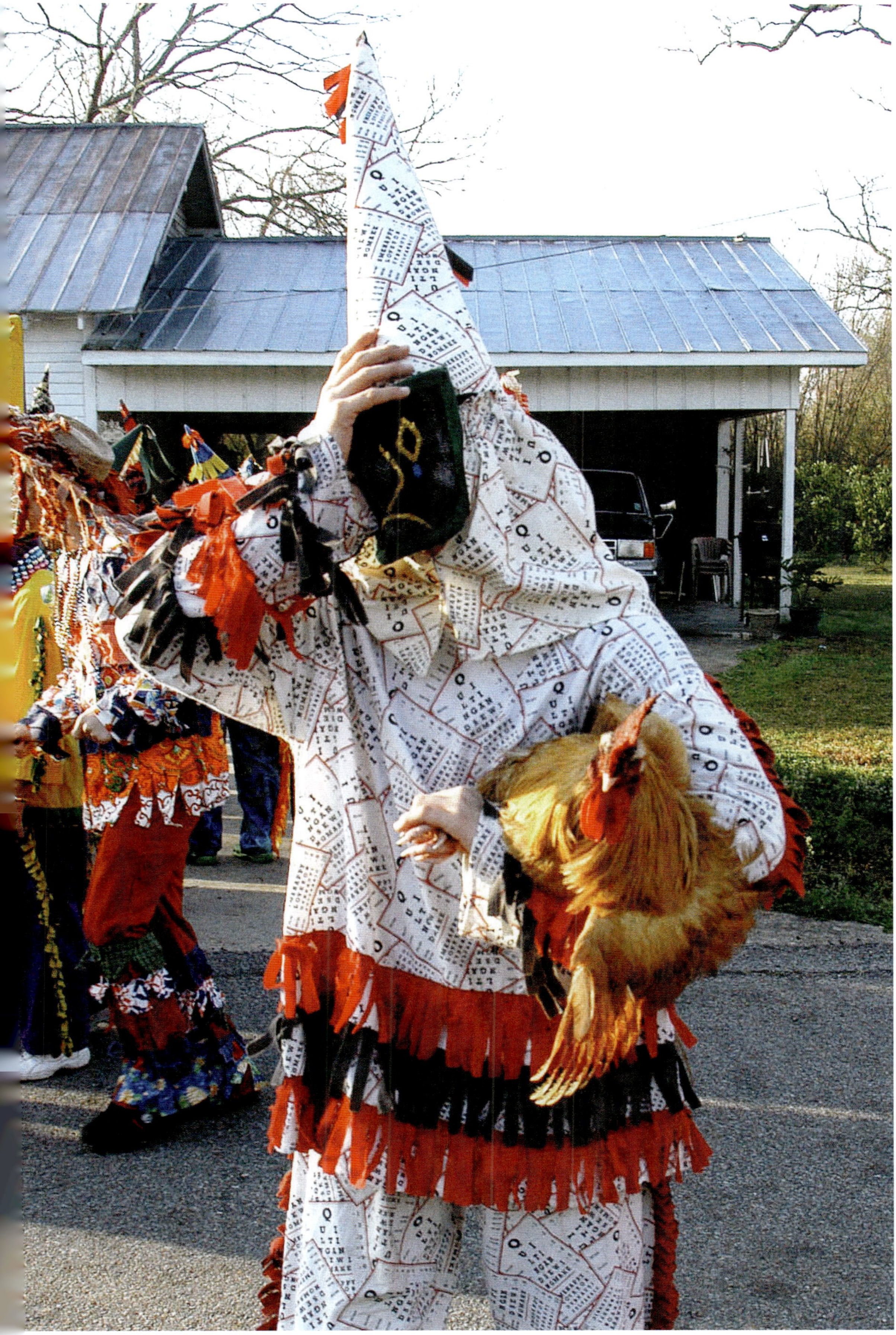

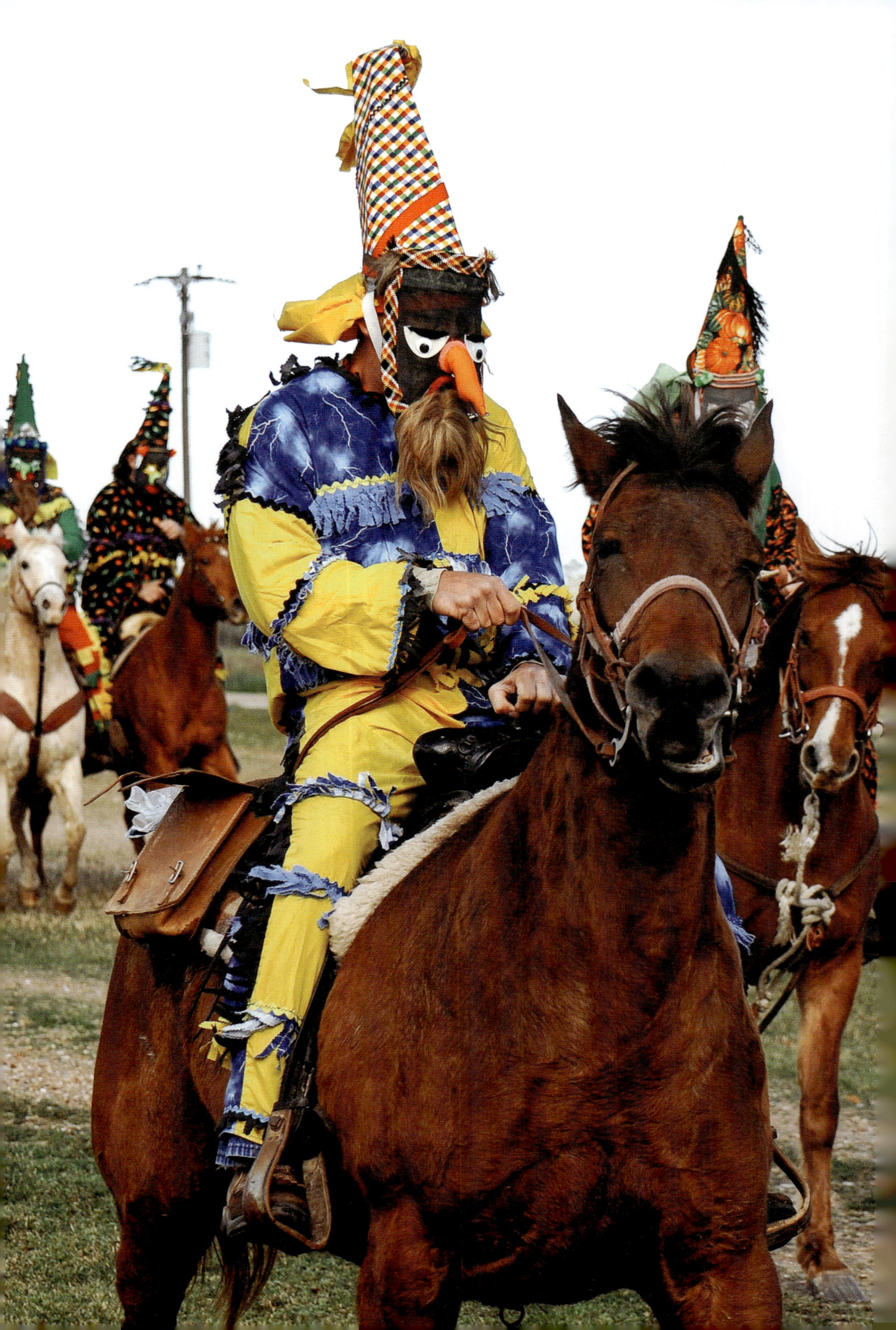

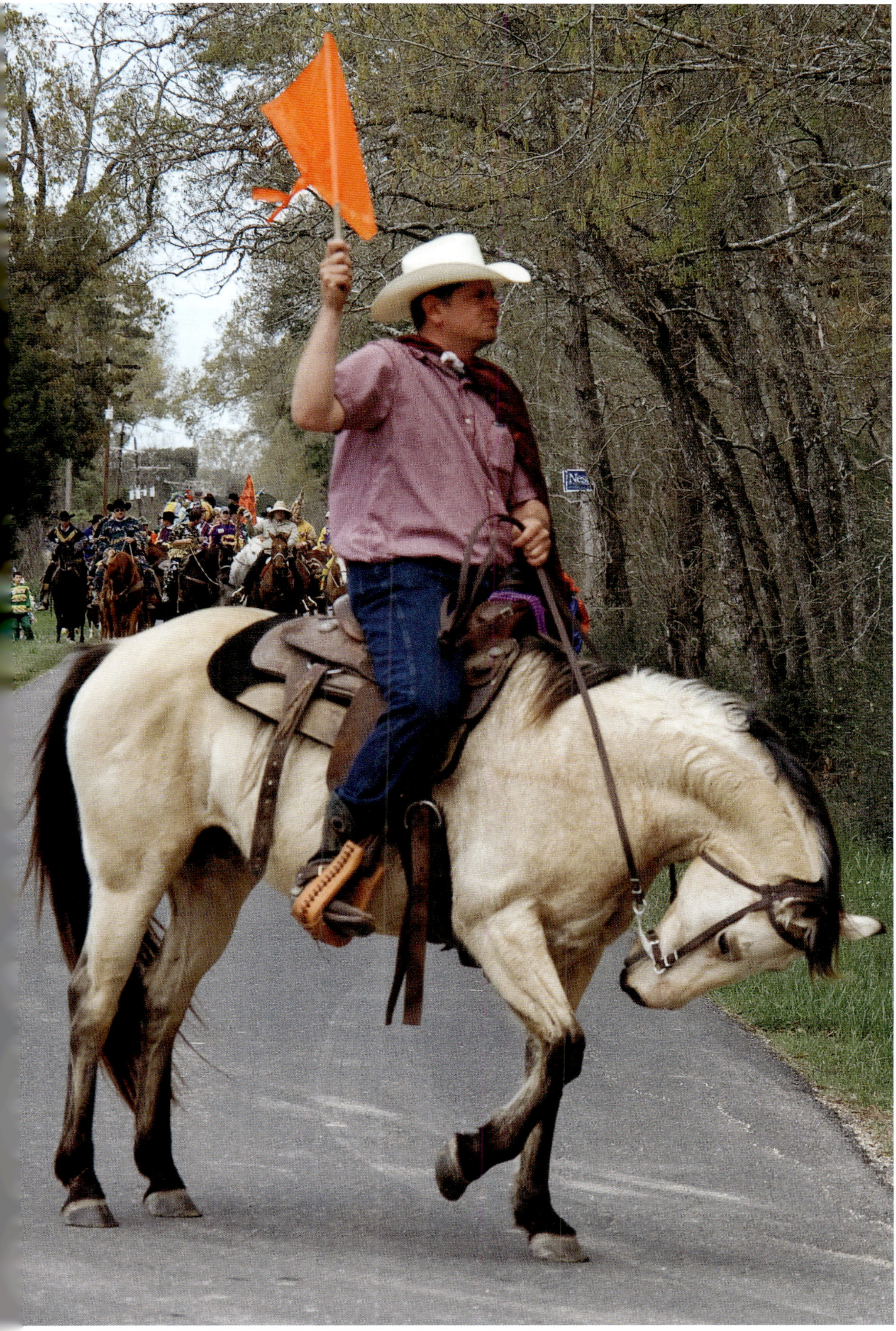

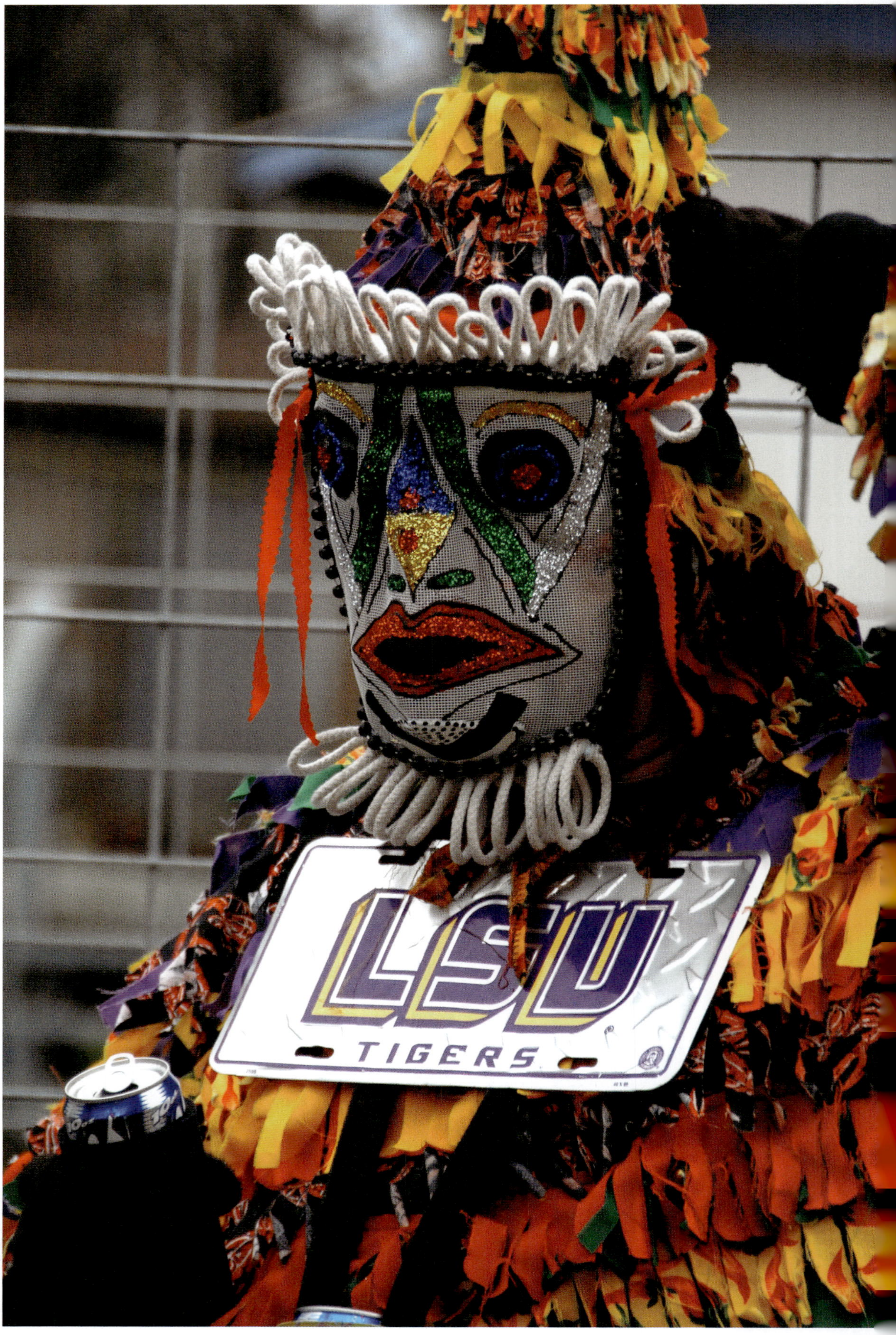
LSU
TIGERS

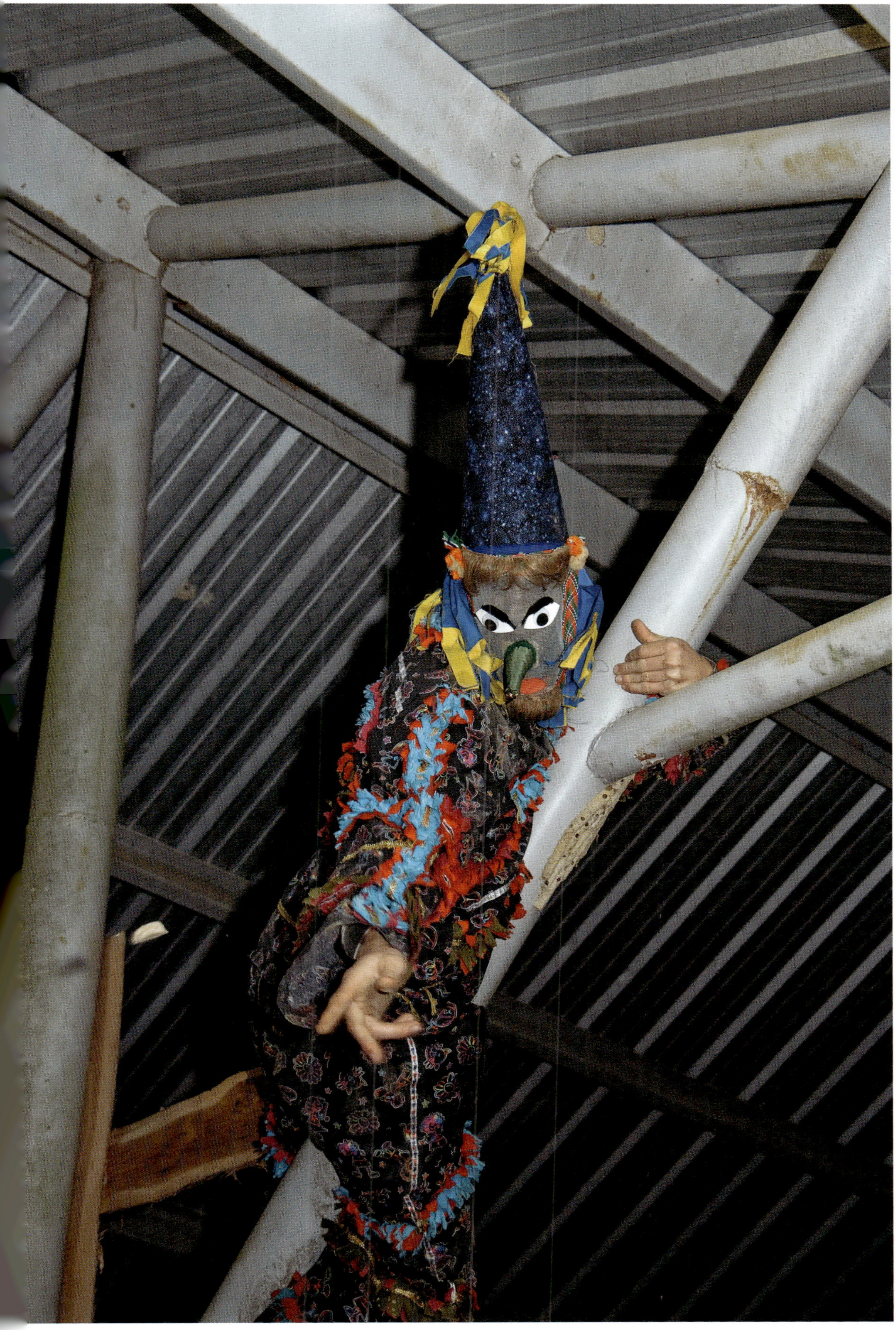

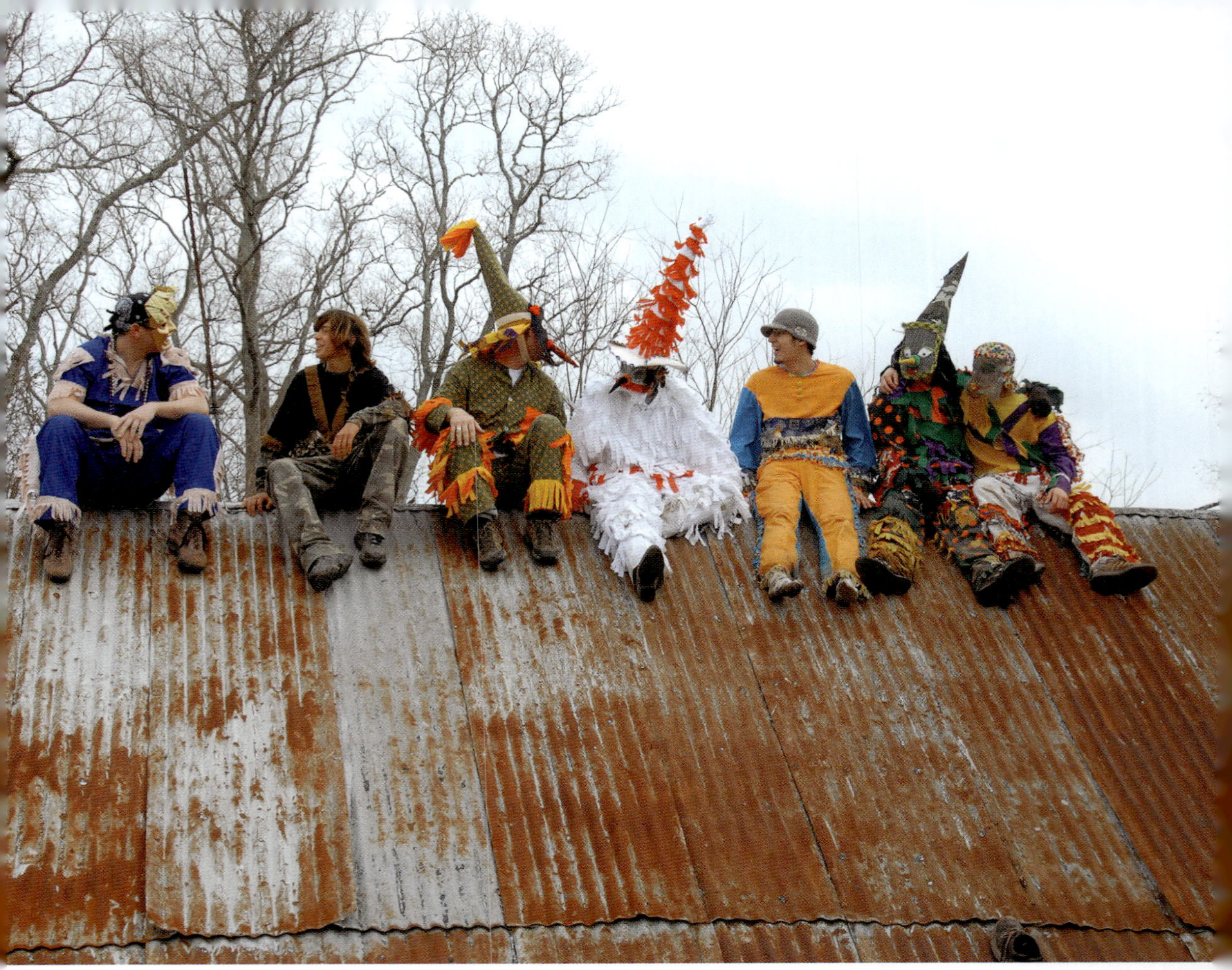

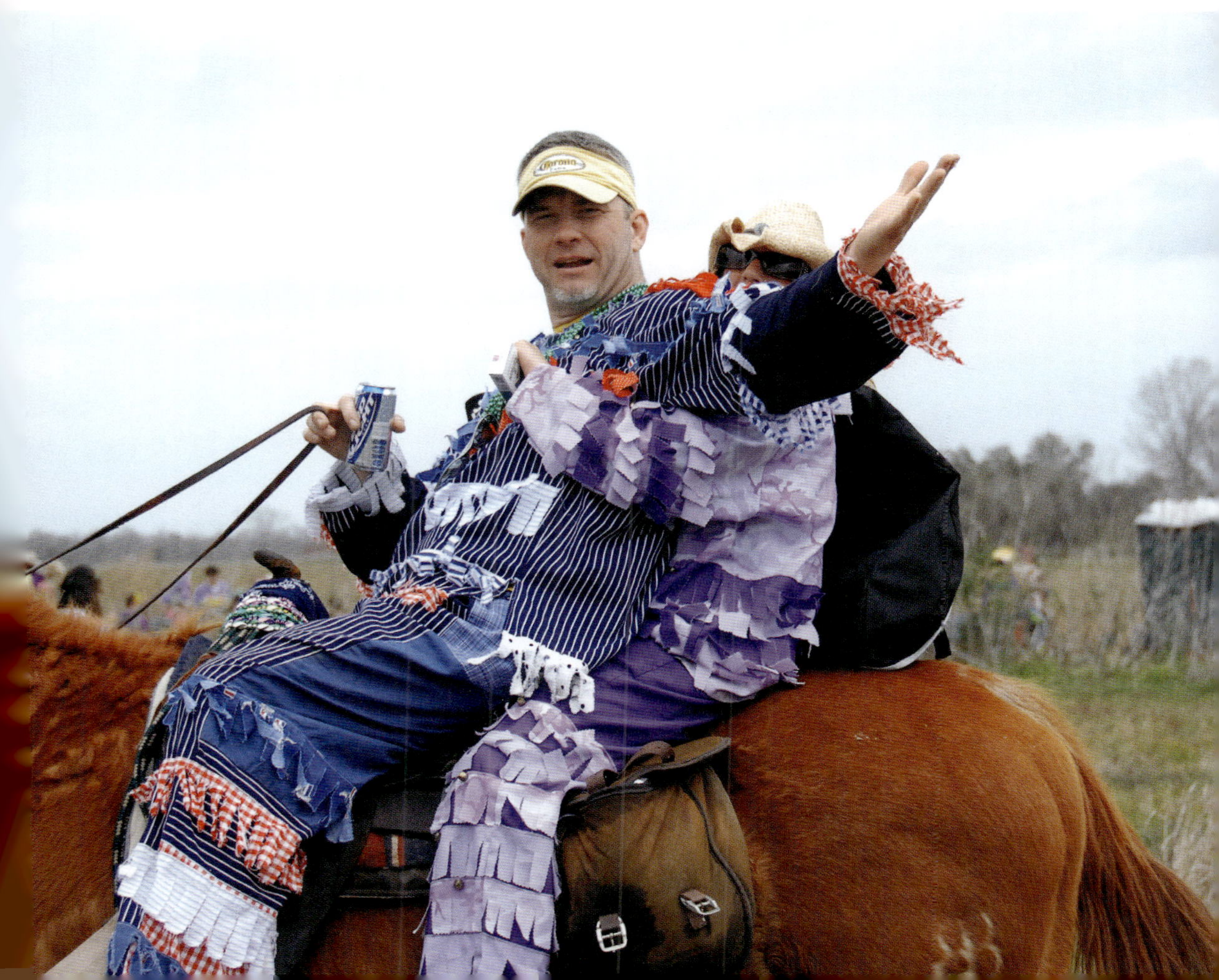

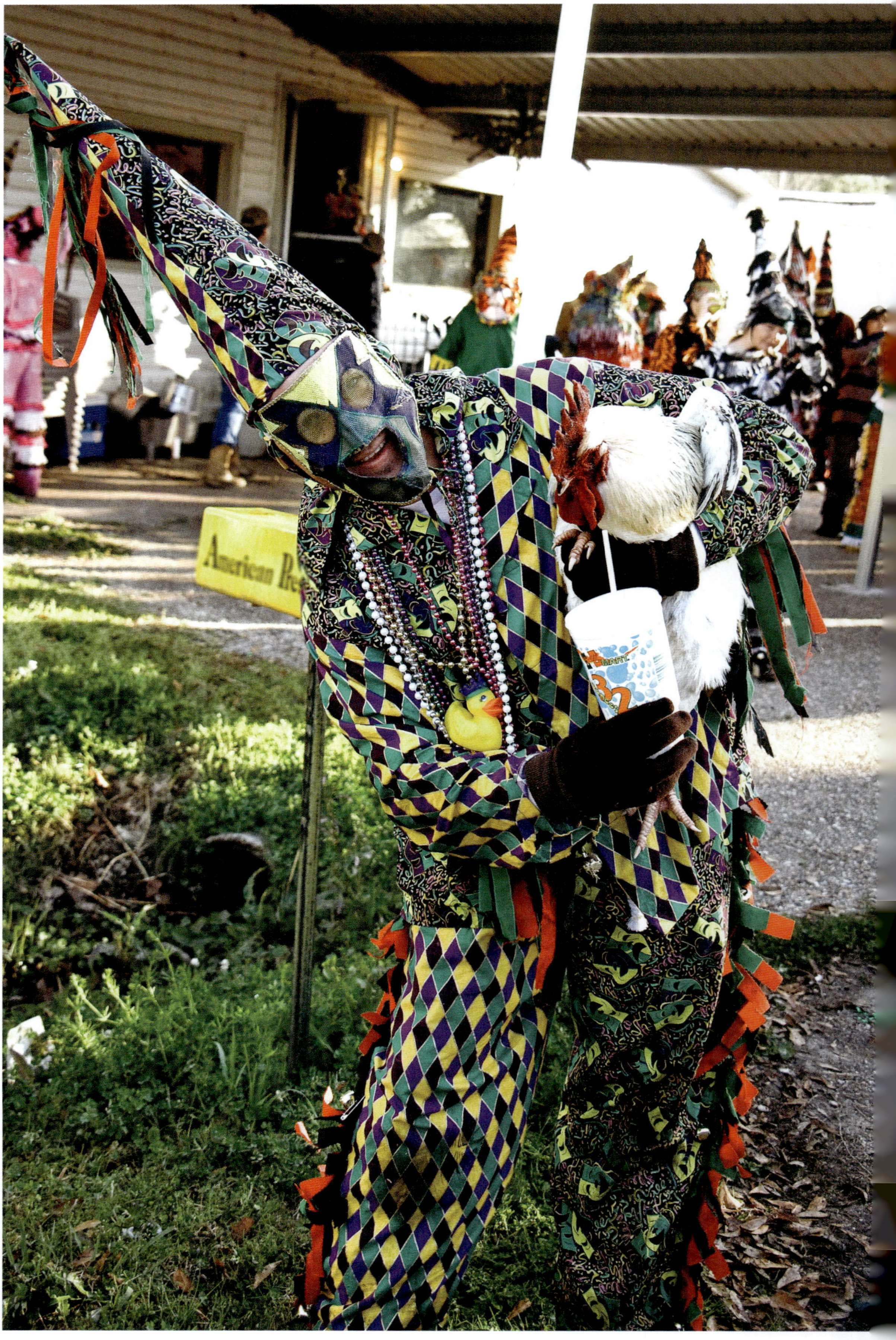
American

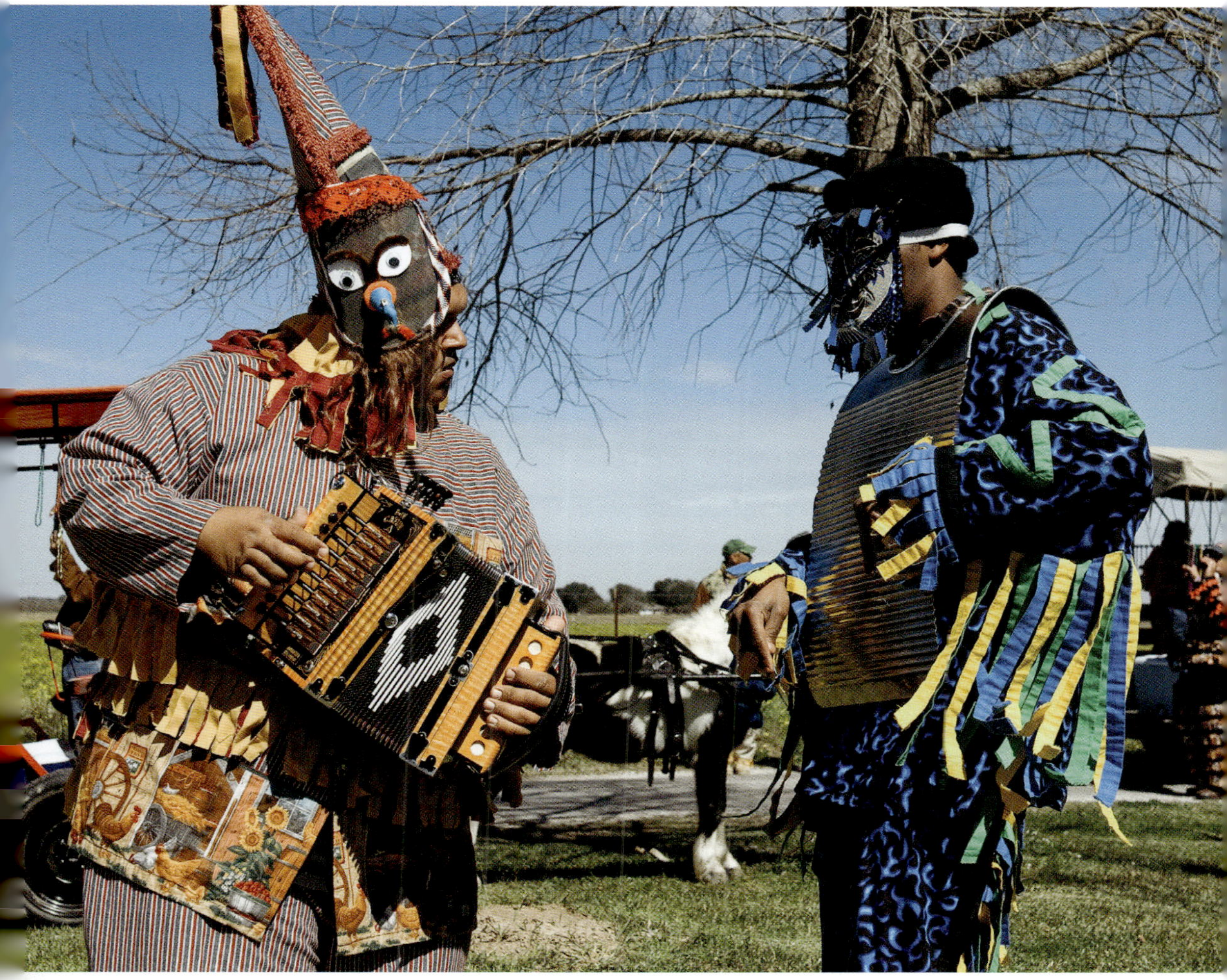

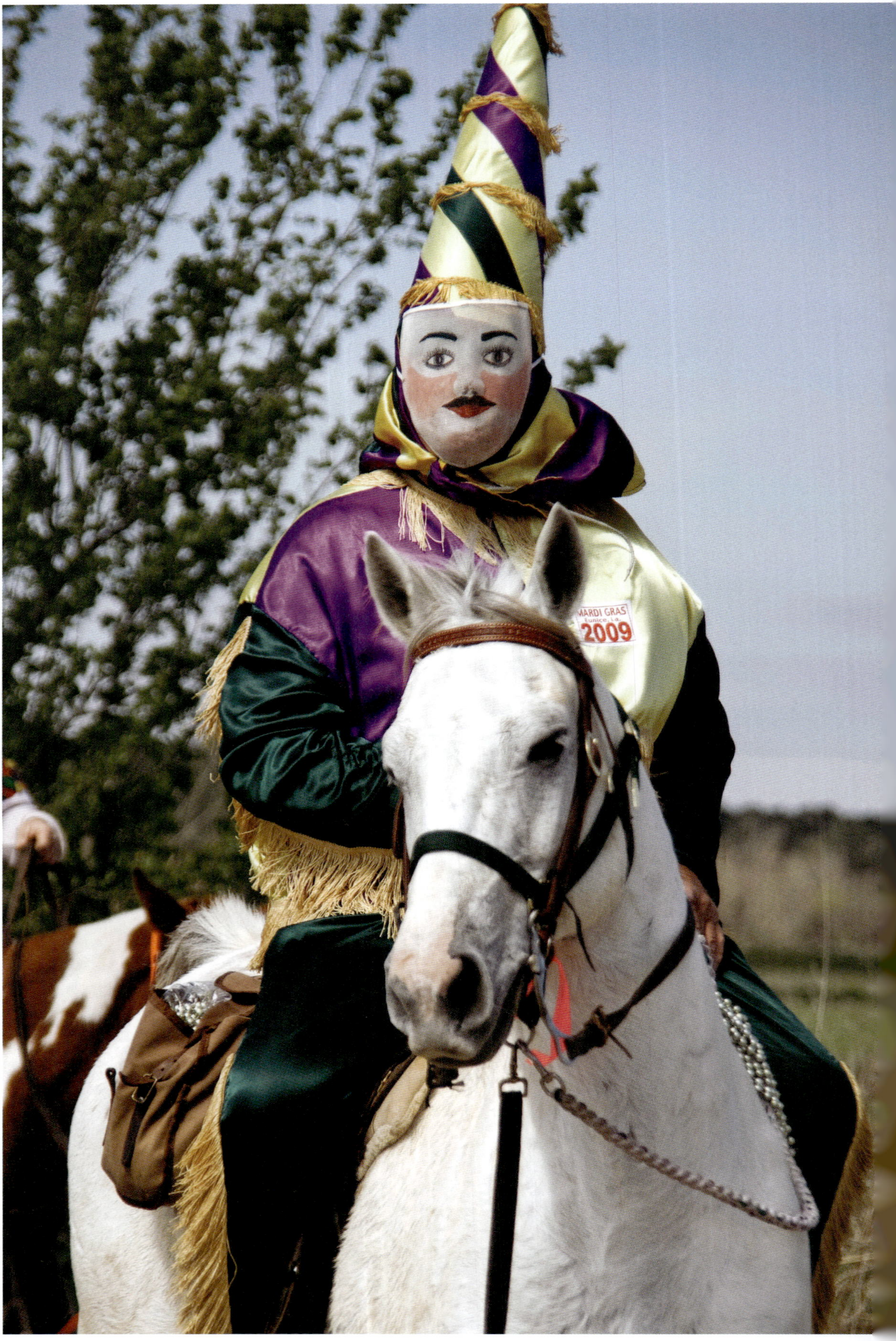
MARDI GRAS
Eunice, La.
2009

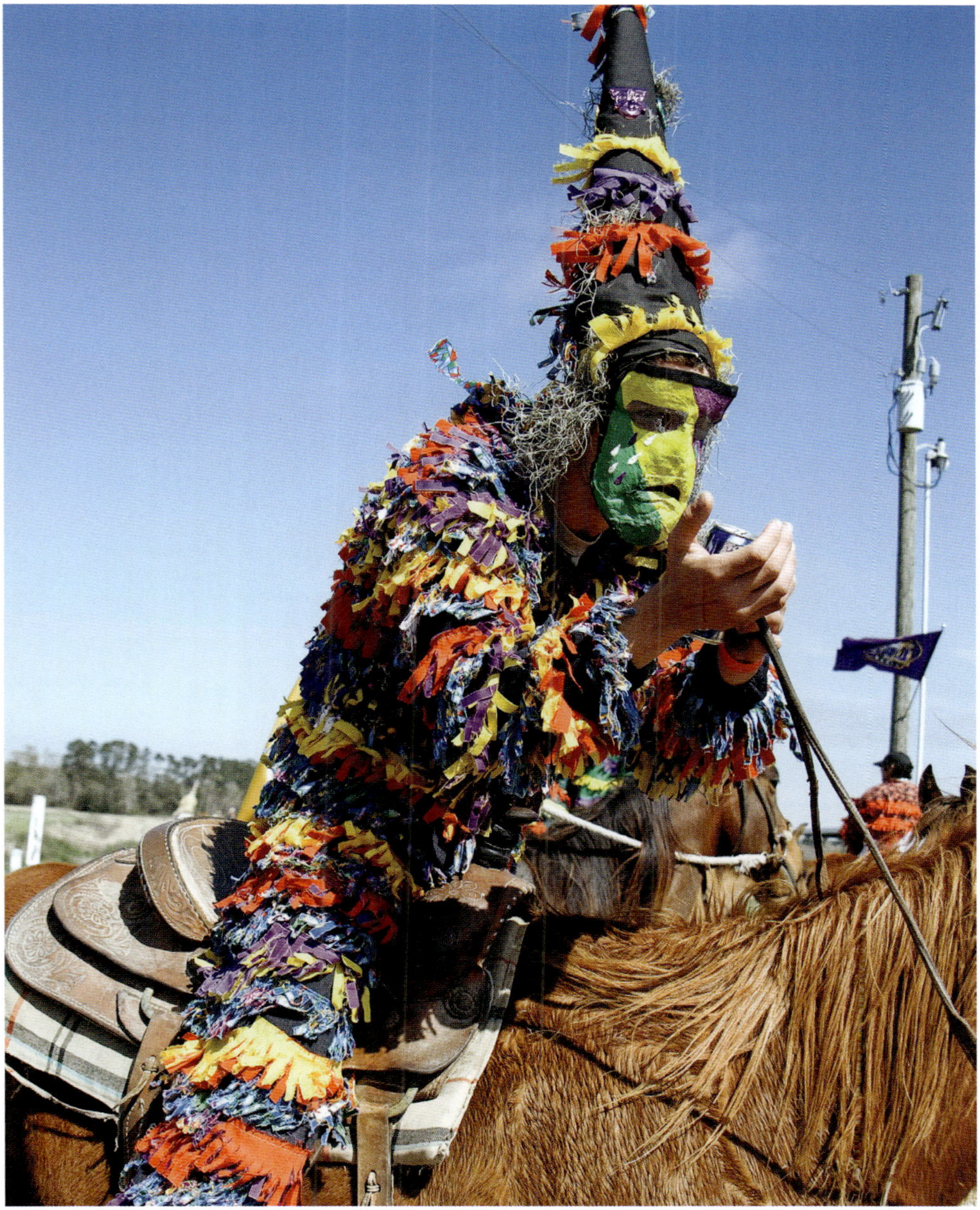

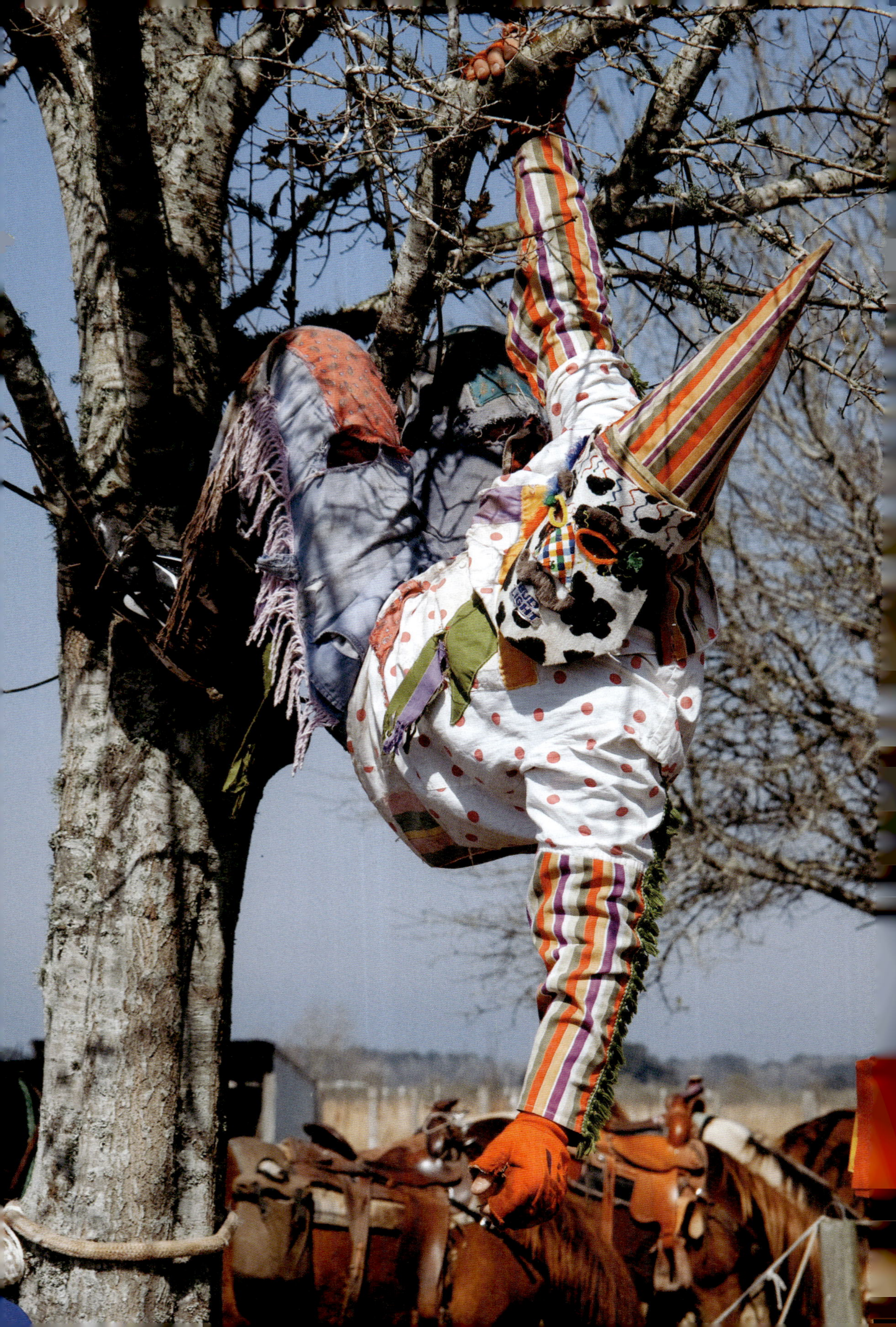

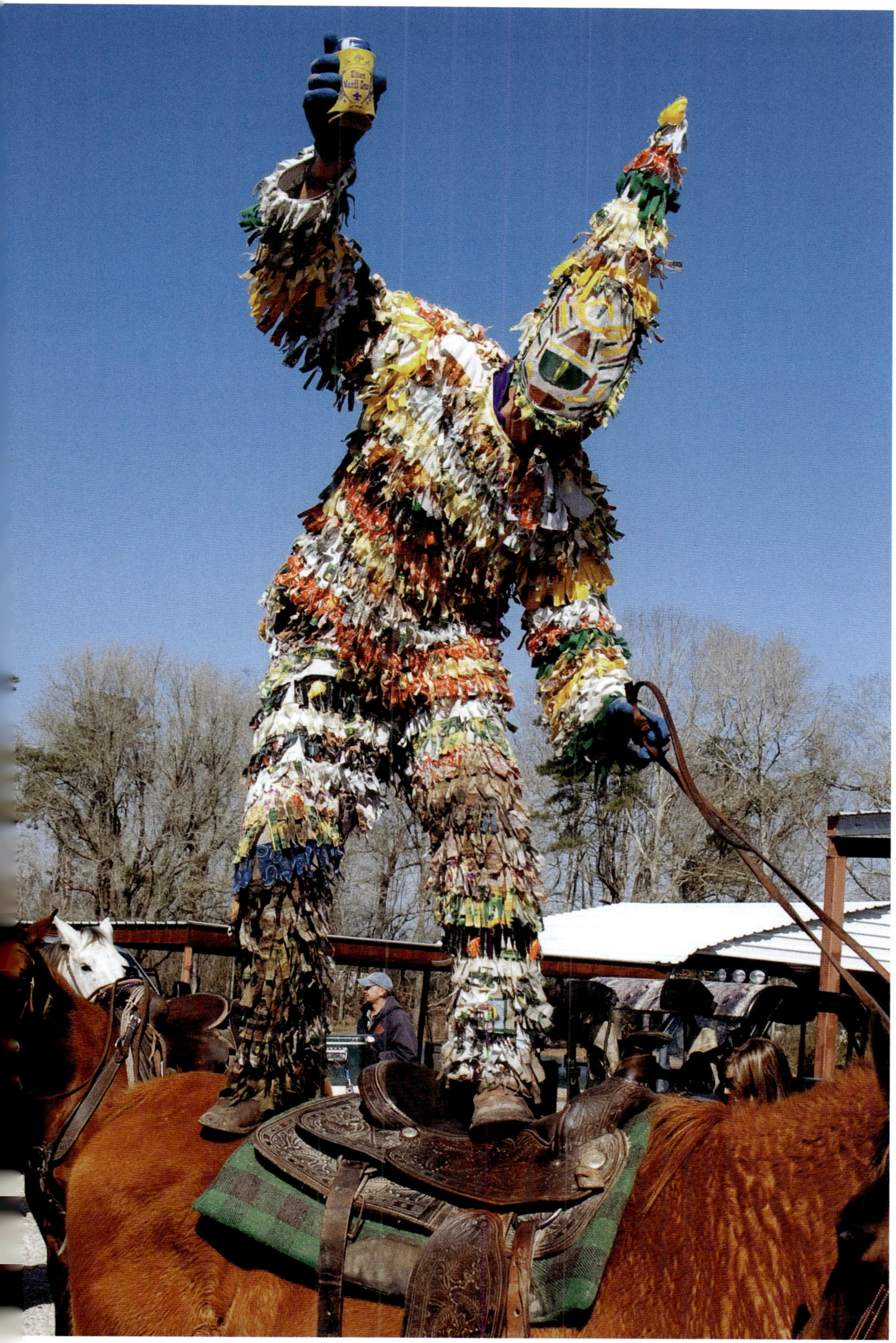

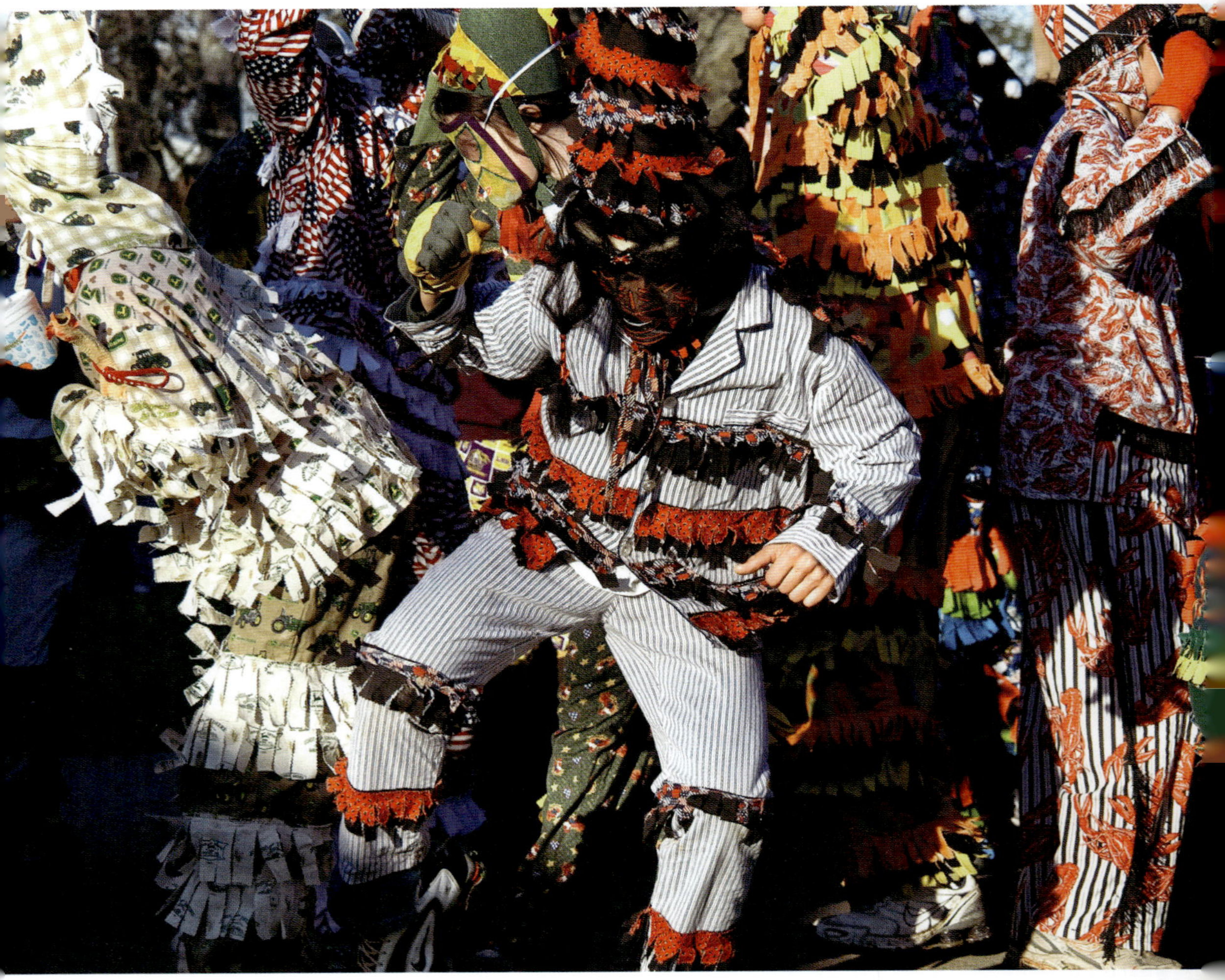

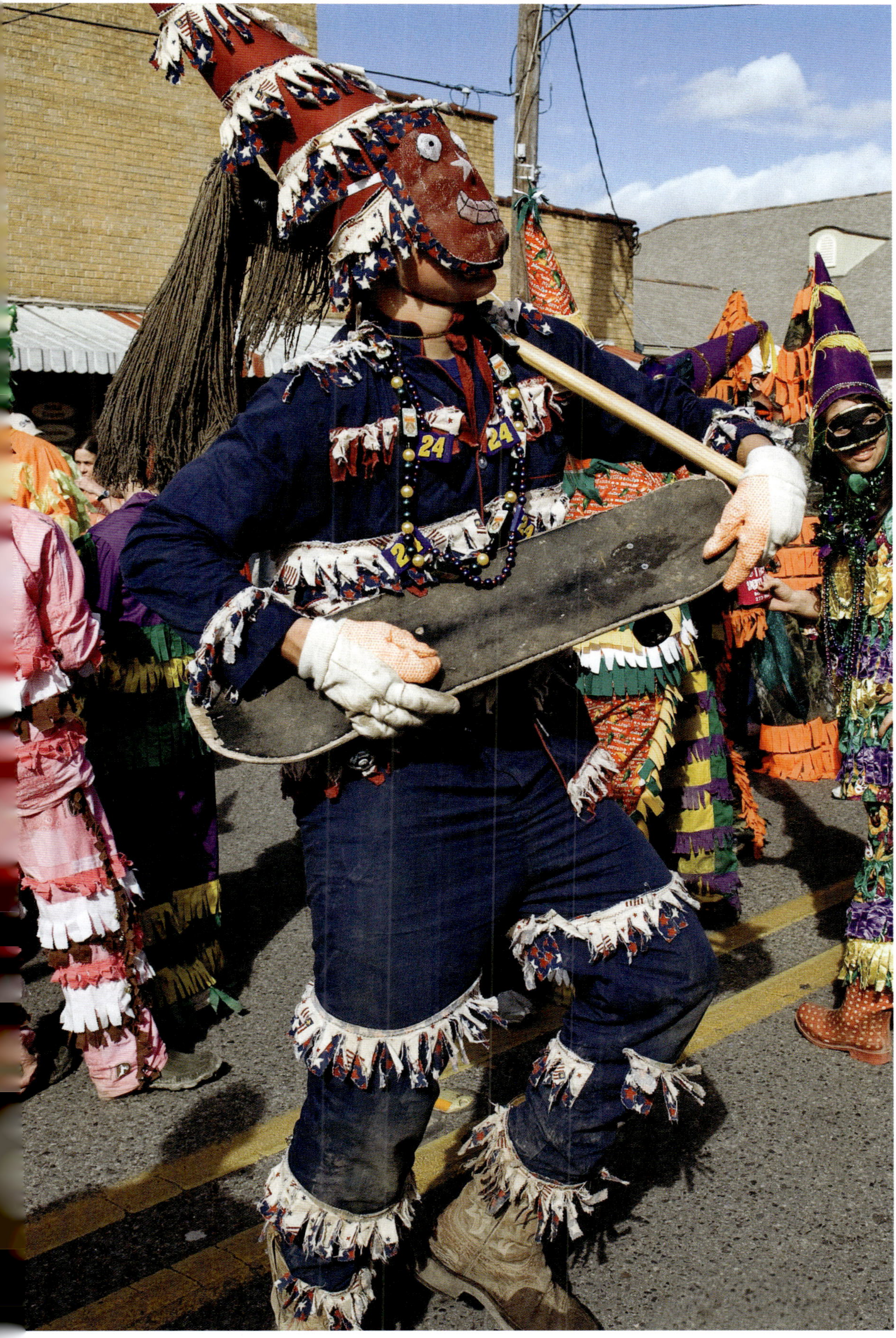
24

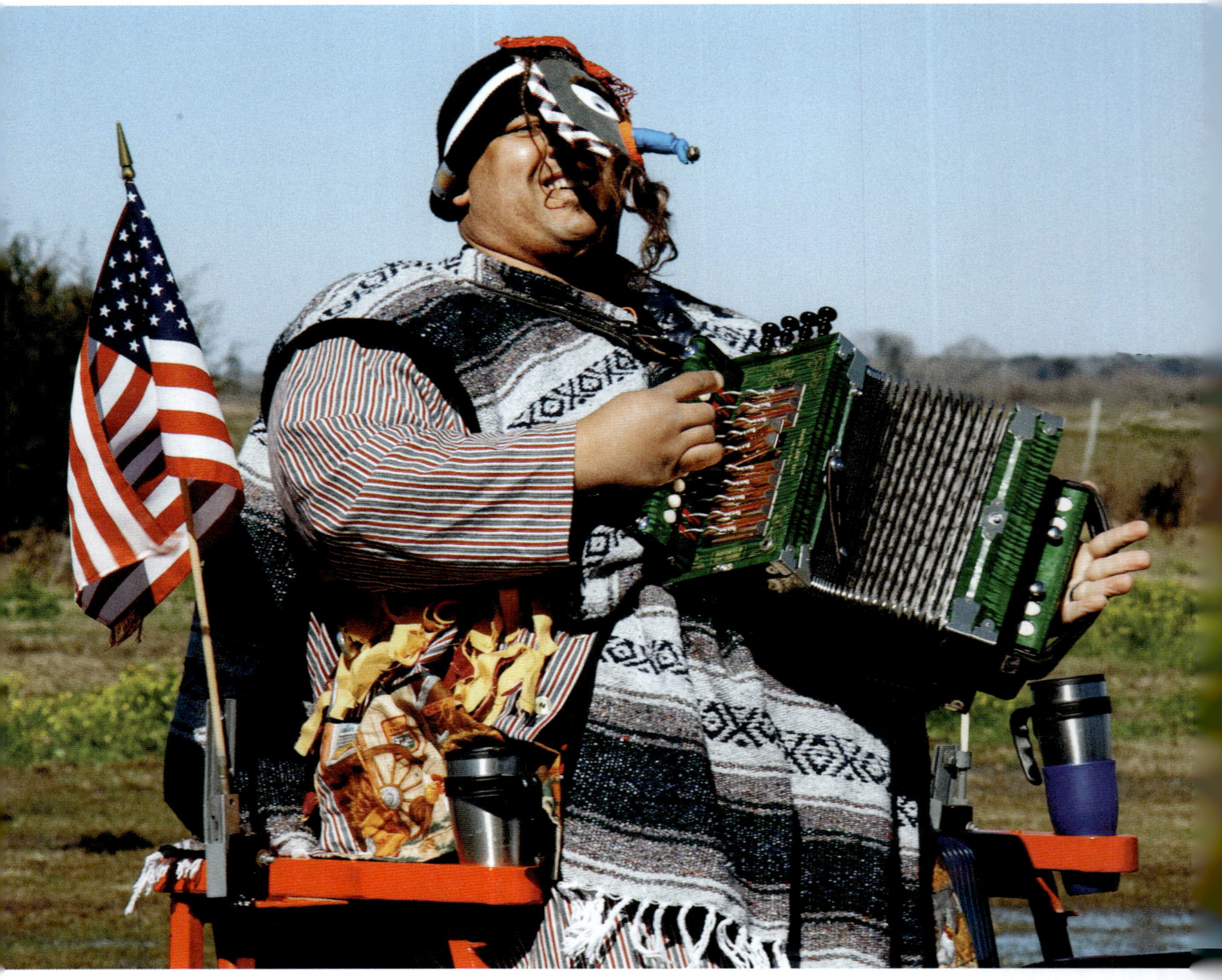

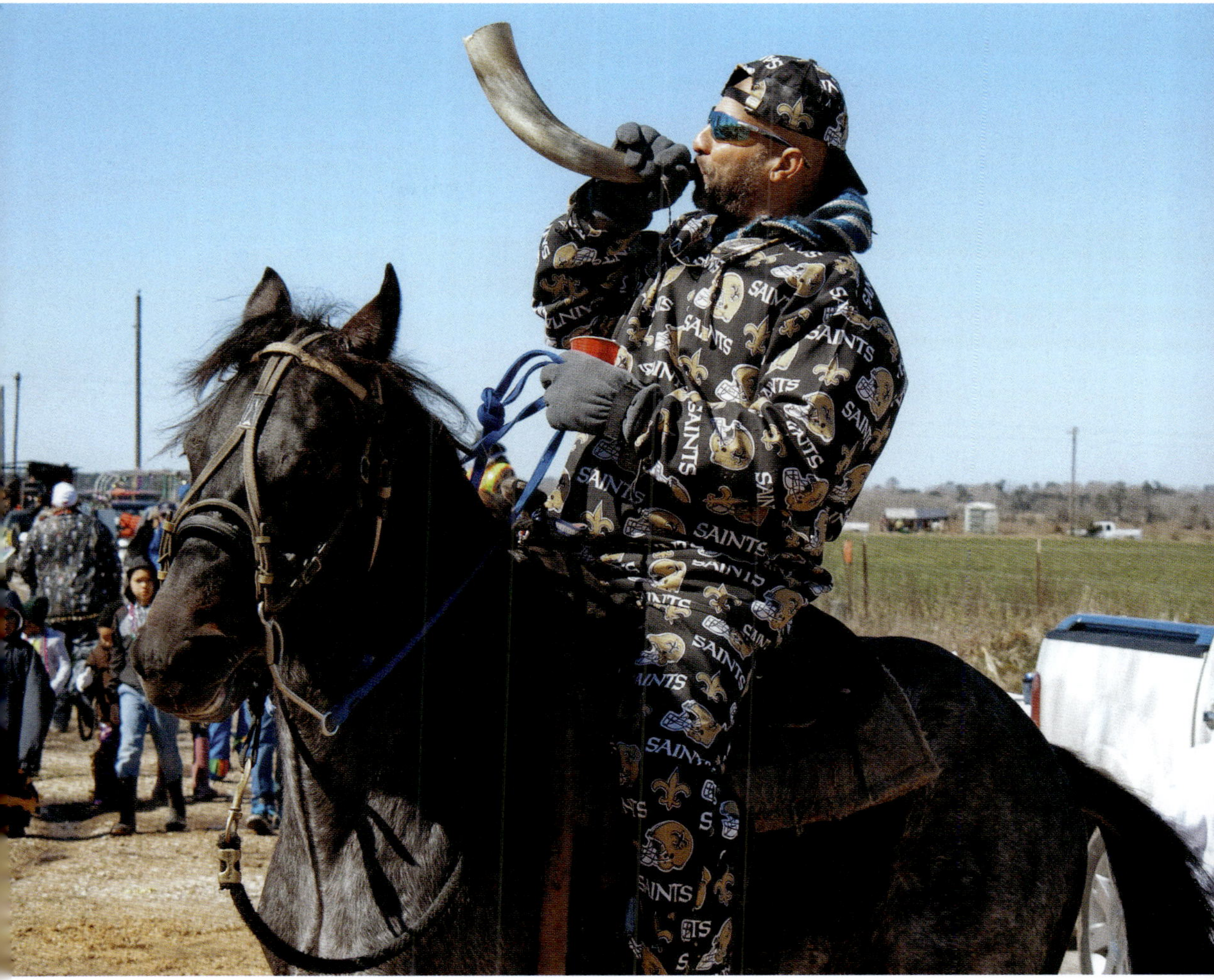
SAINTS

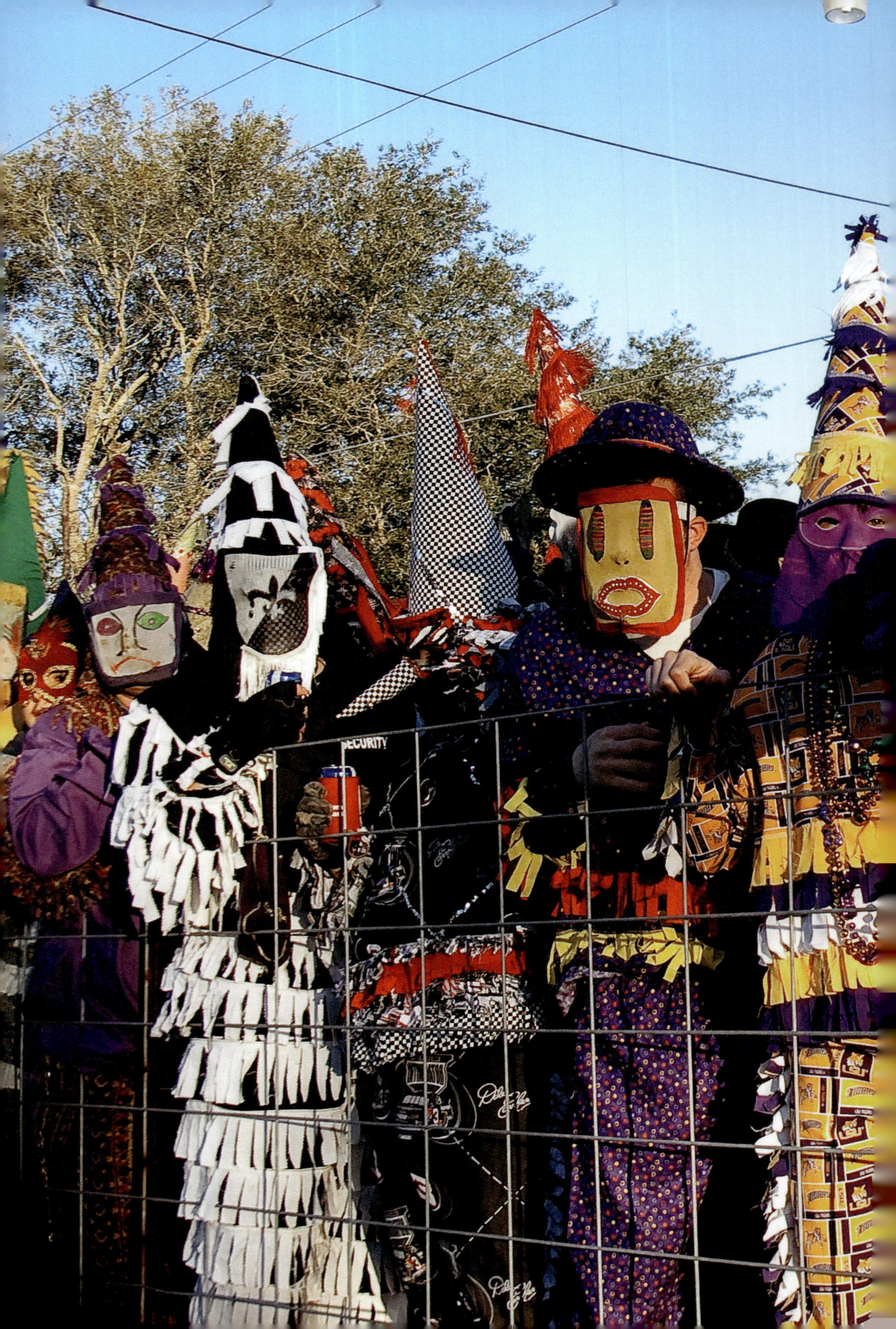
SECURITY

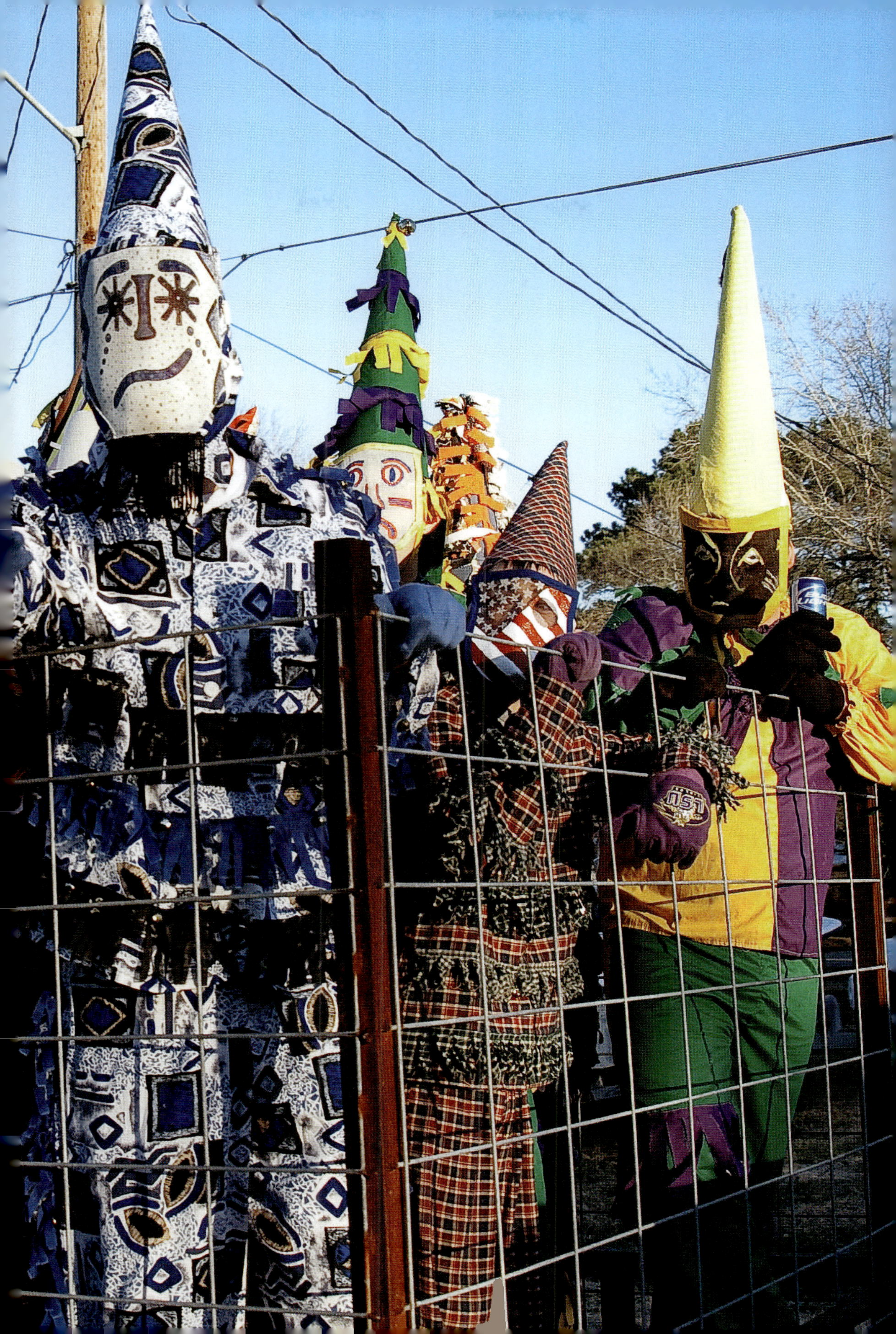

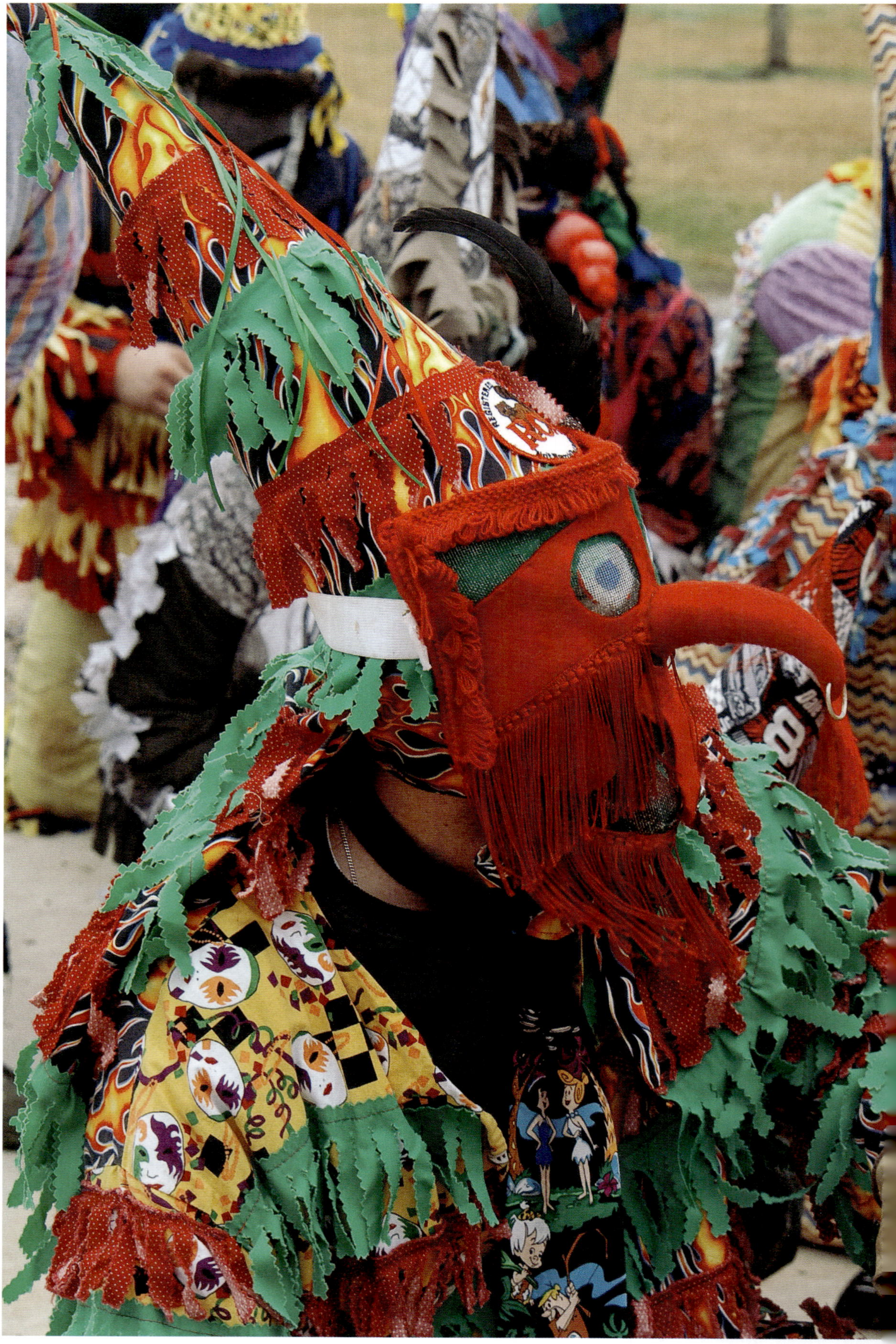

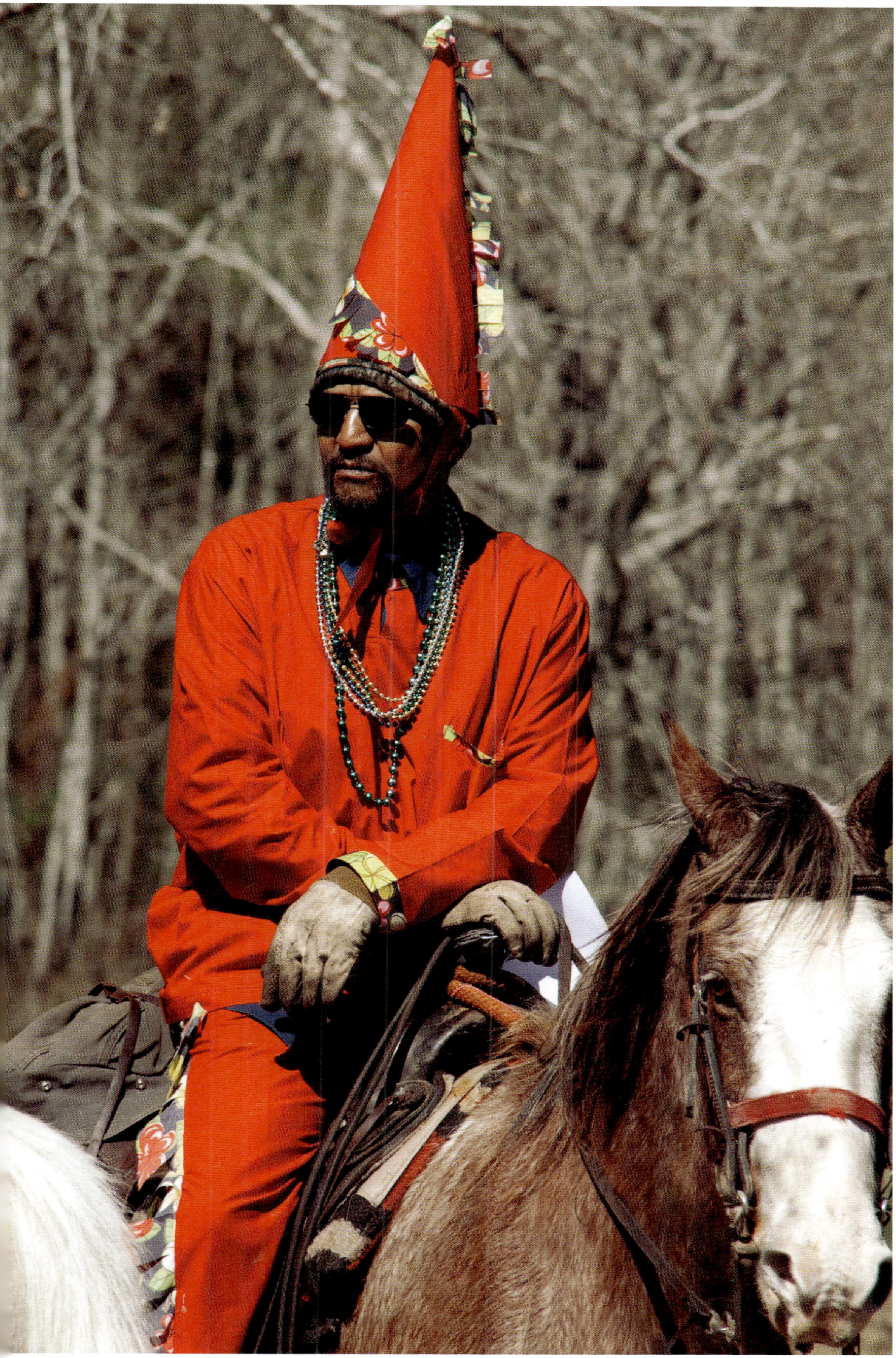

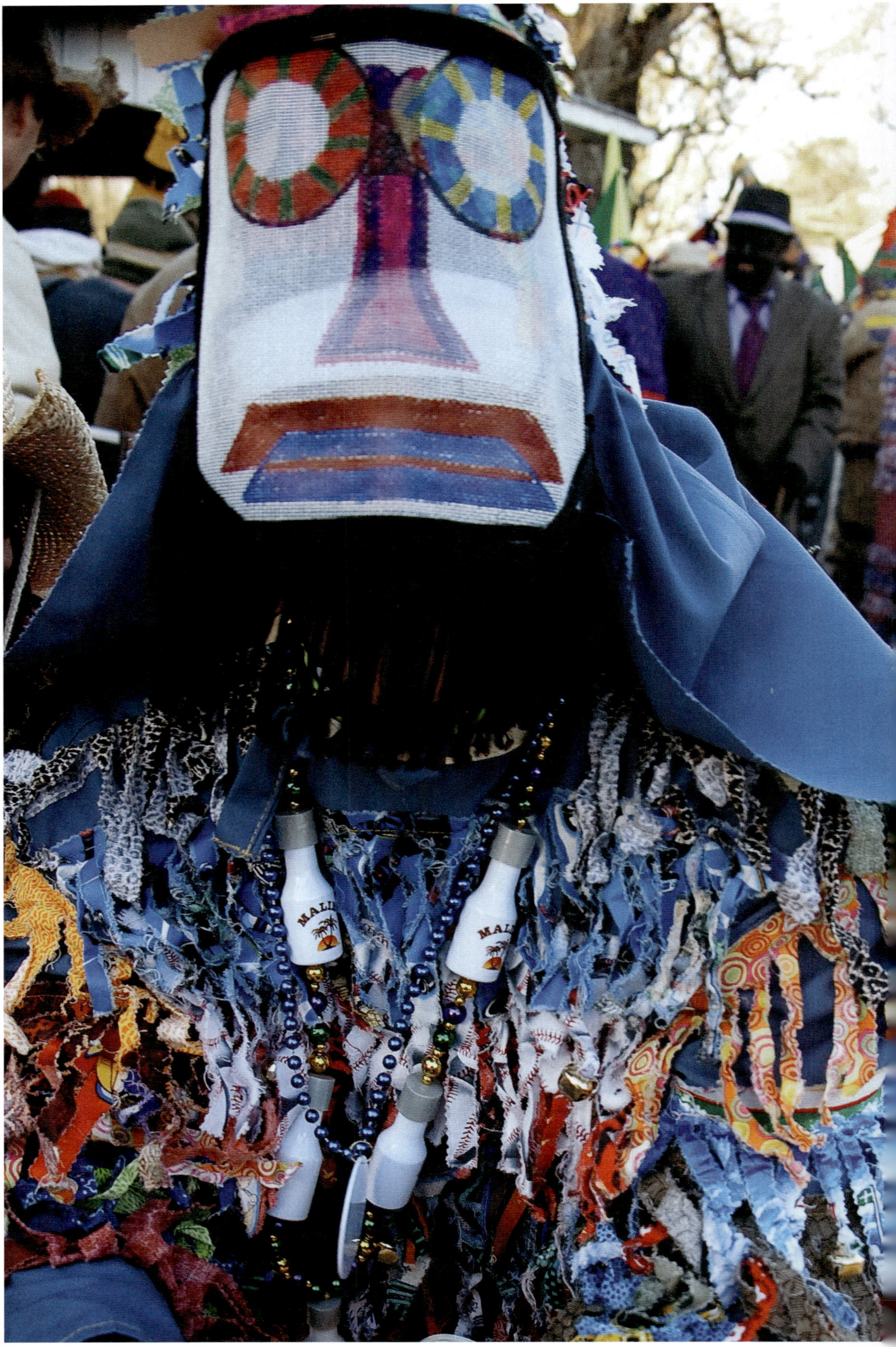
MALI
MALI

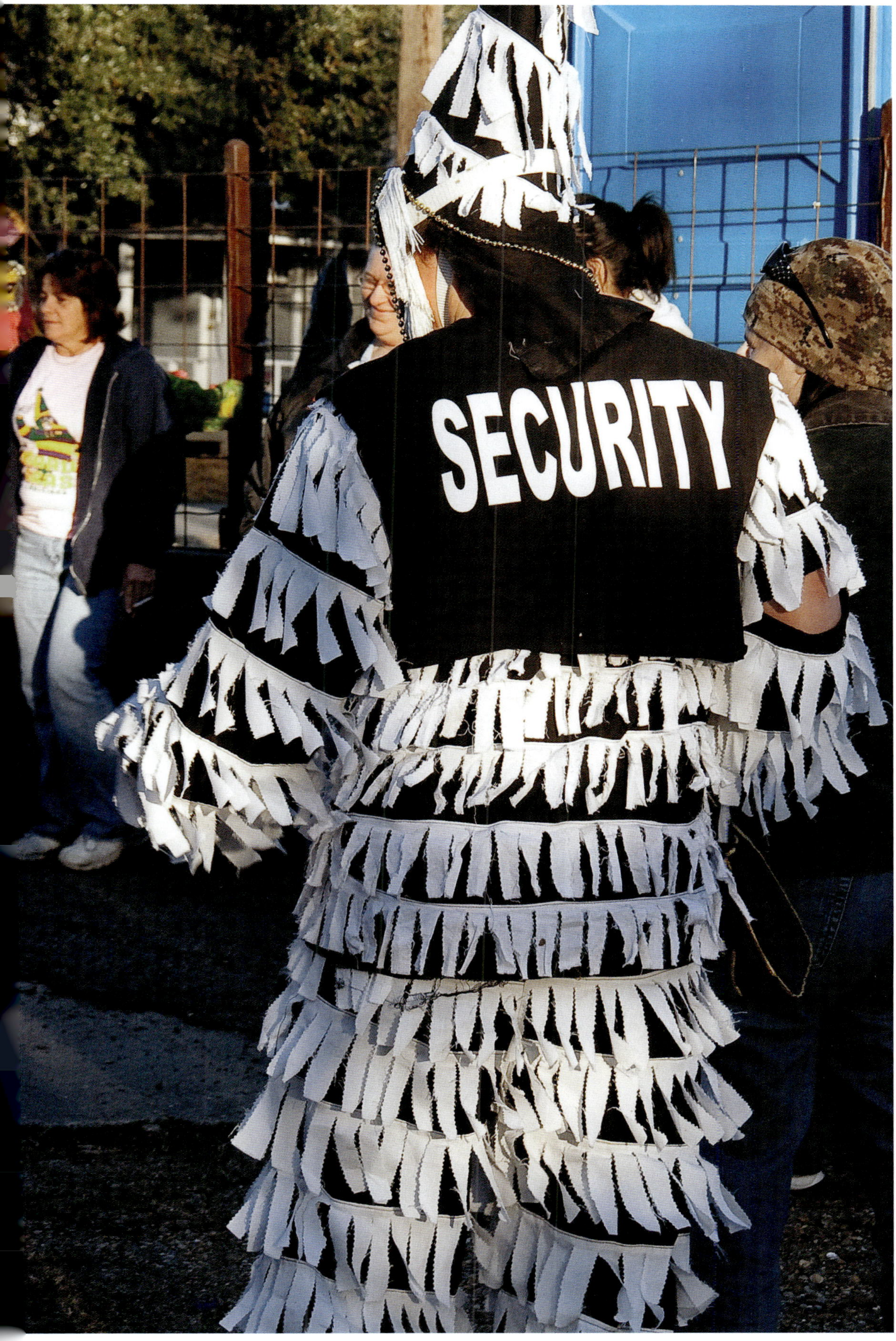
SECURITY

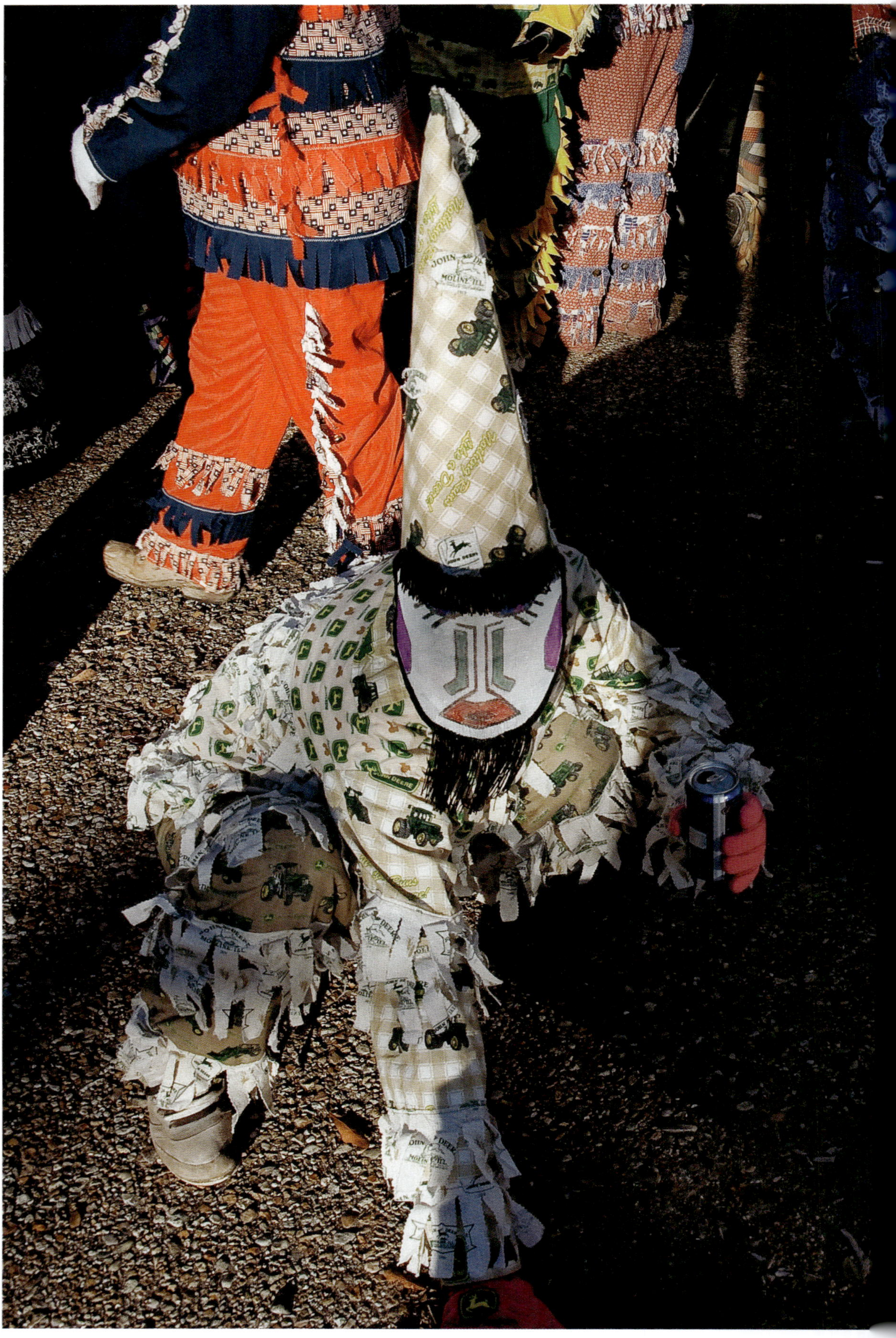
JOHN DEERE

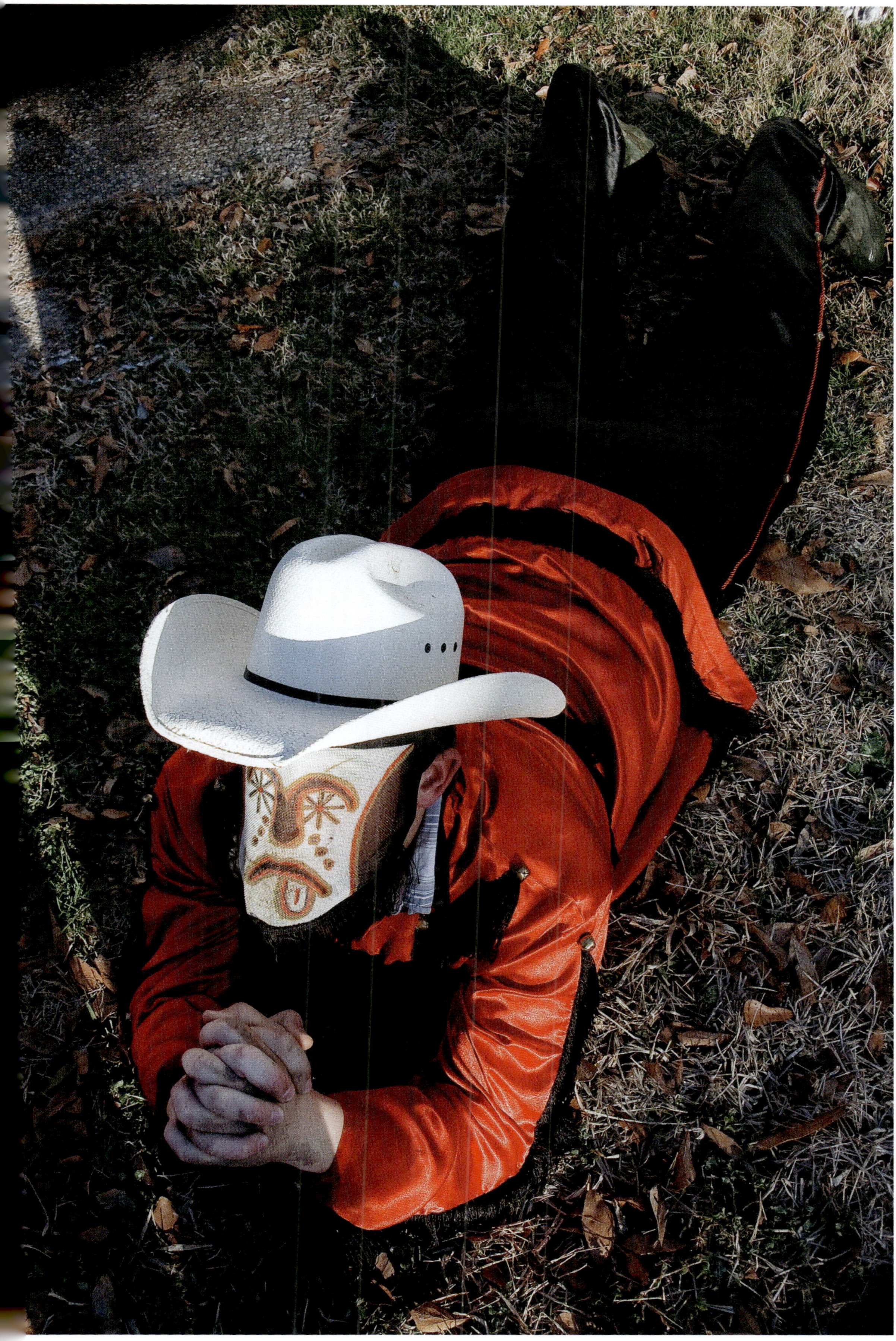

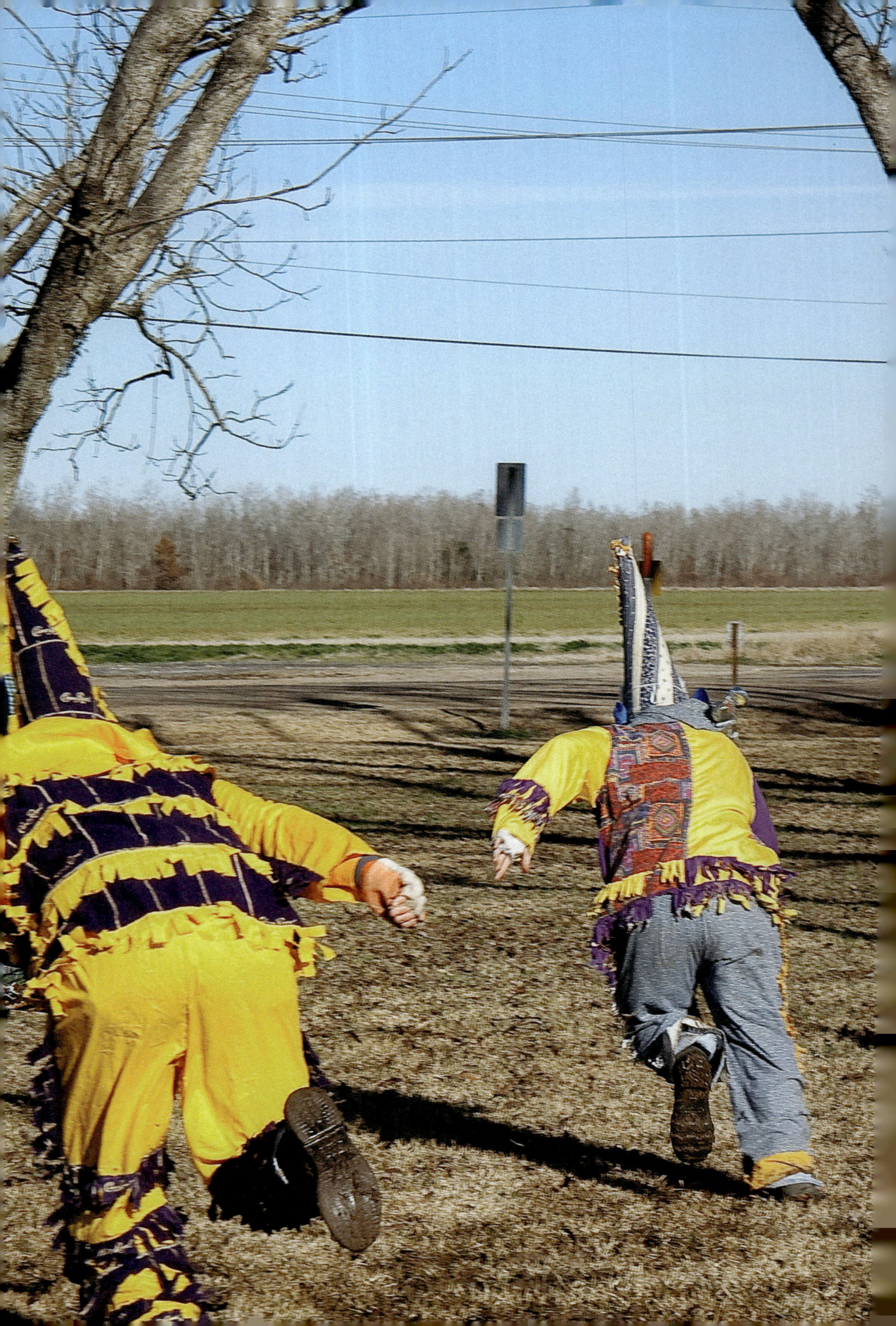

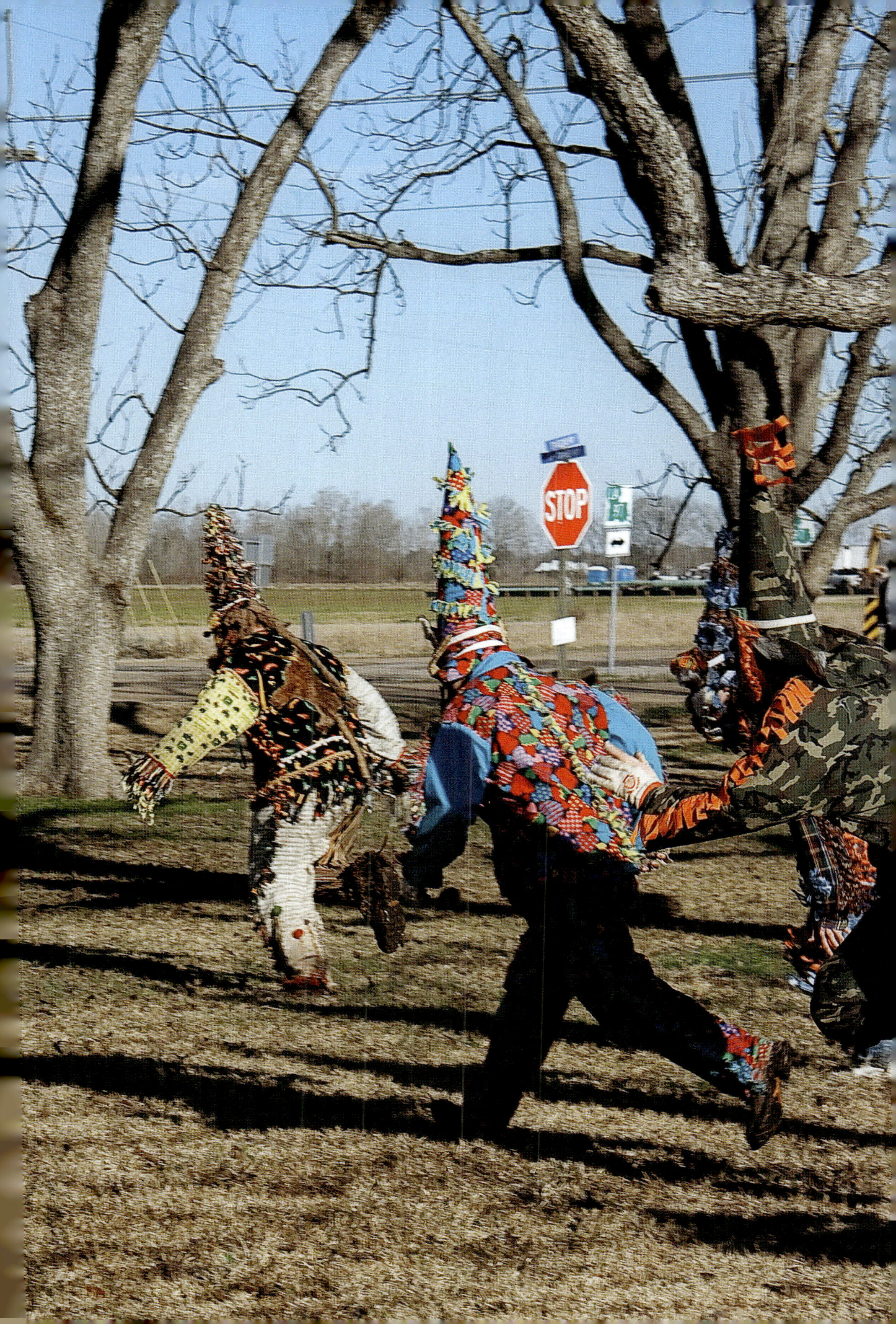
STOP

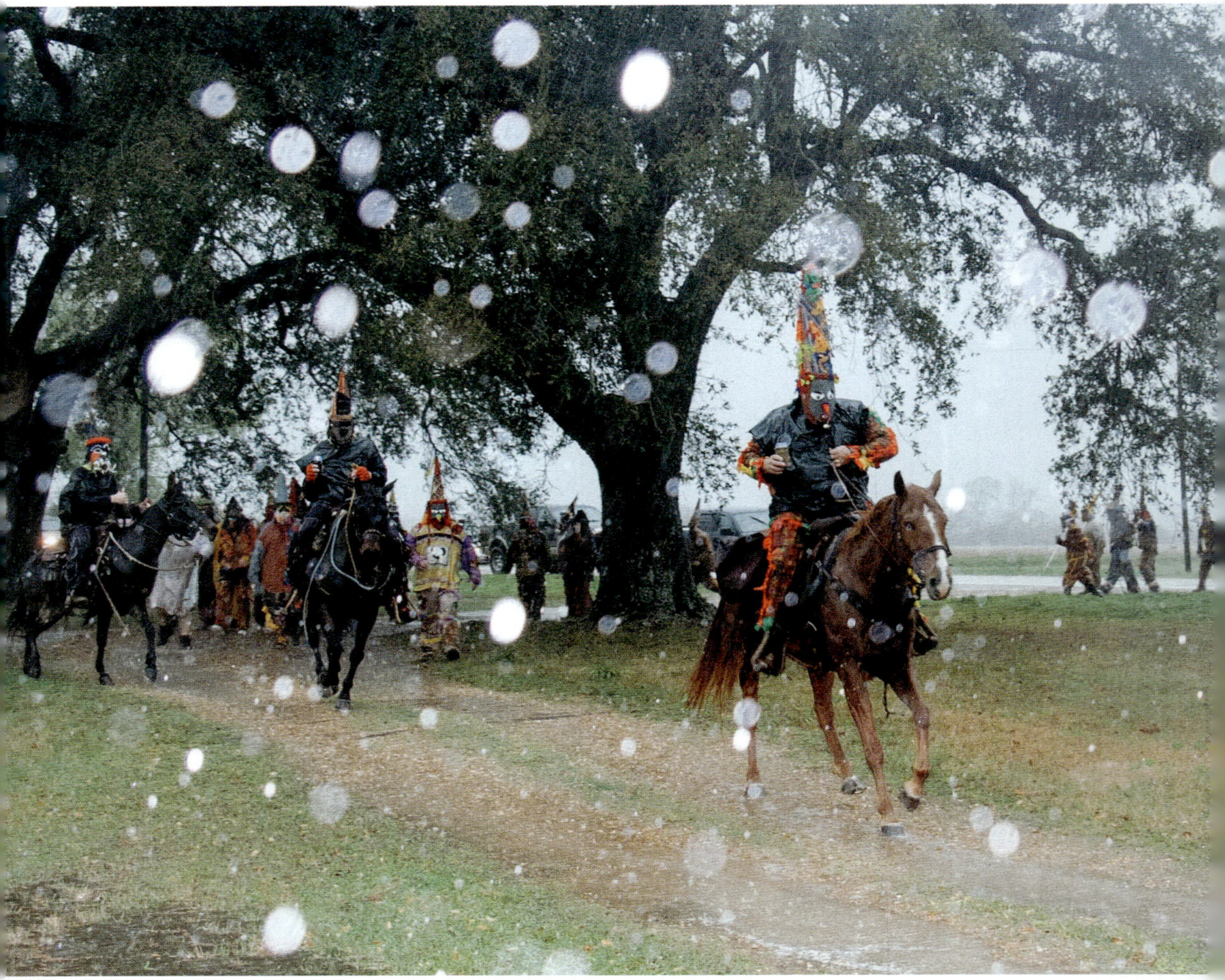

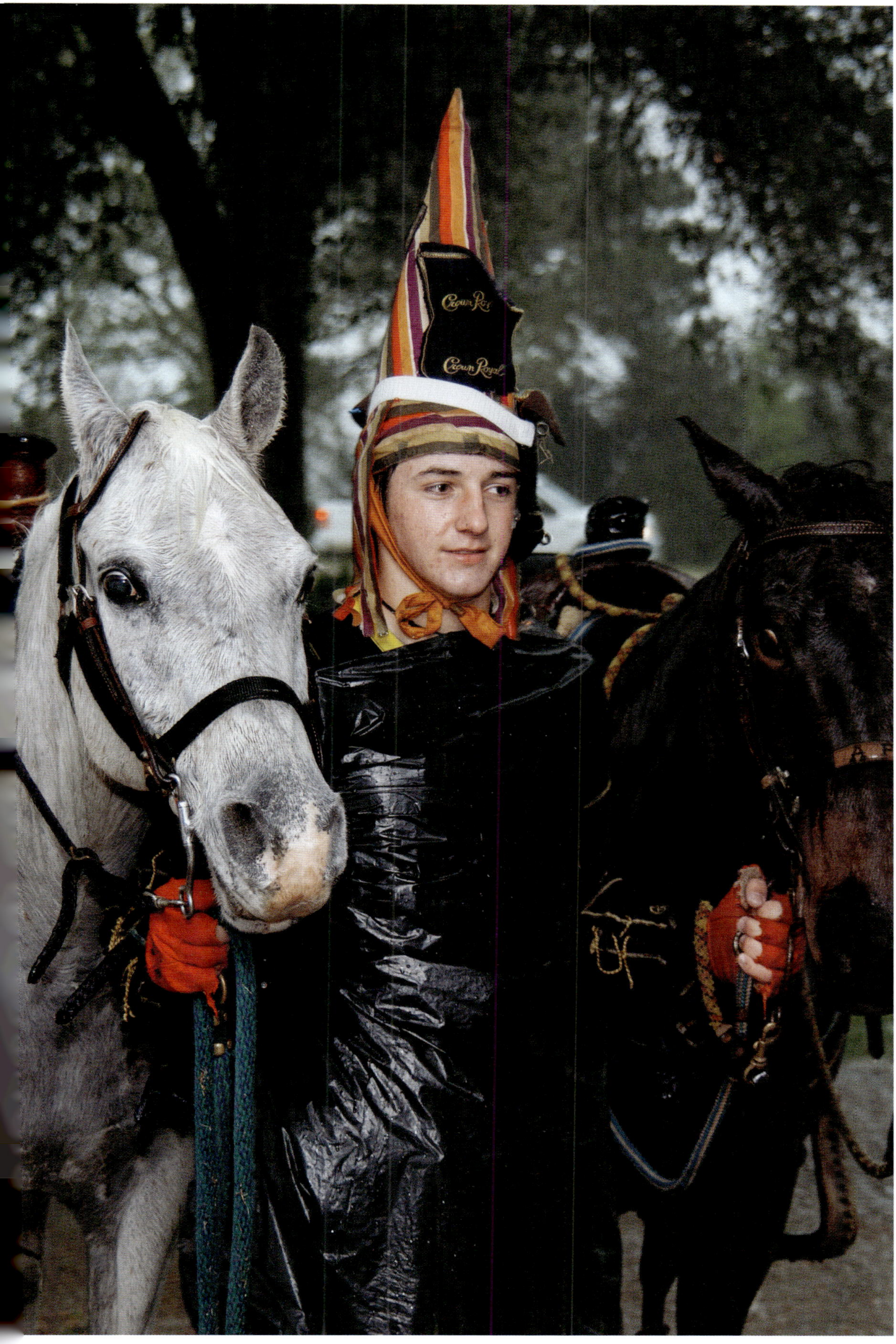
Crown Royal

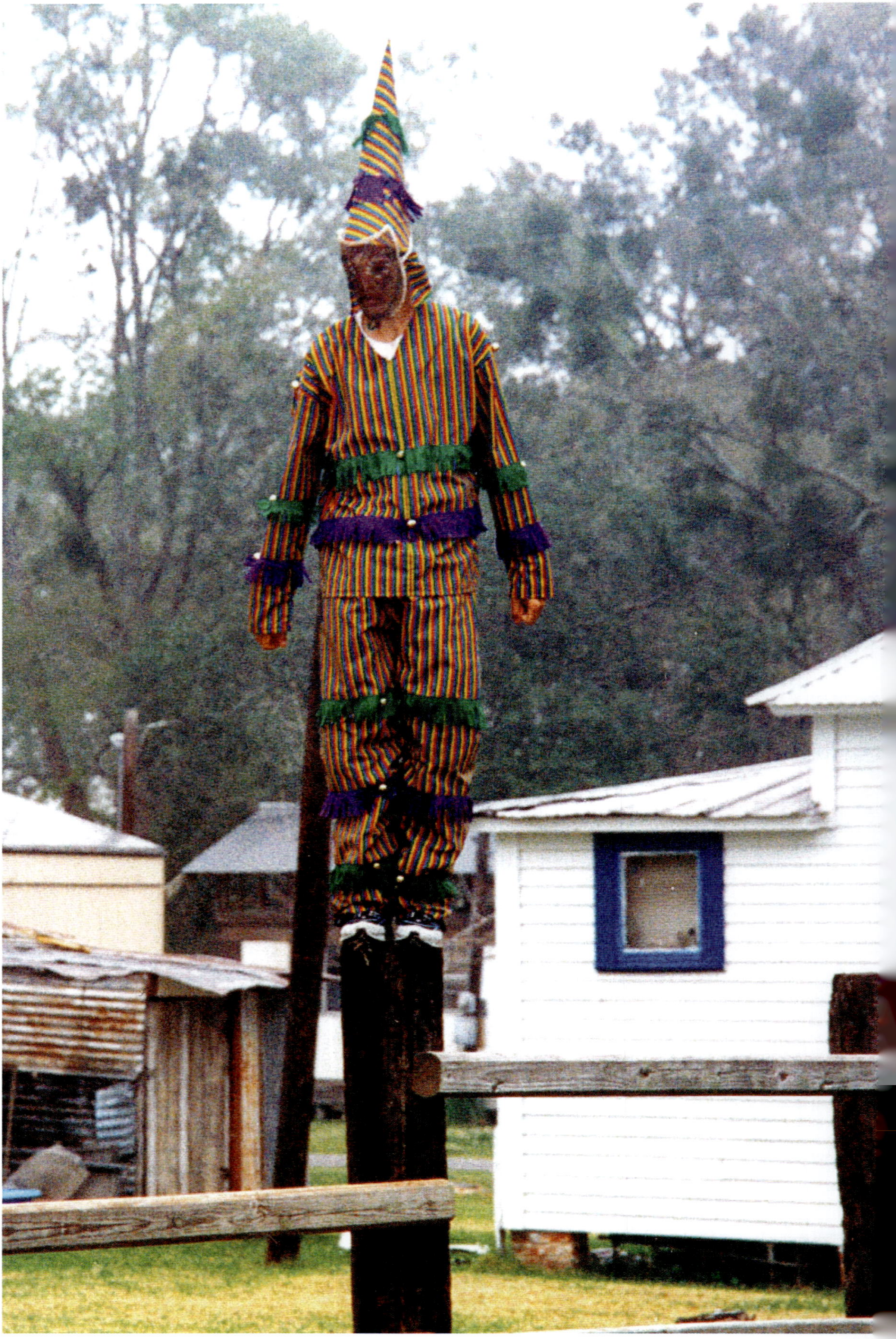

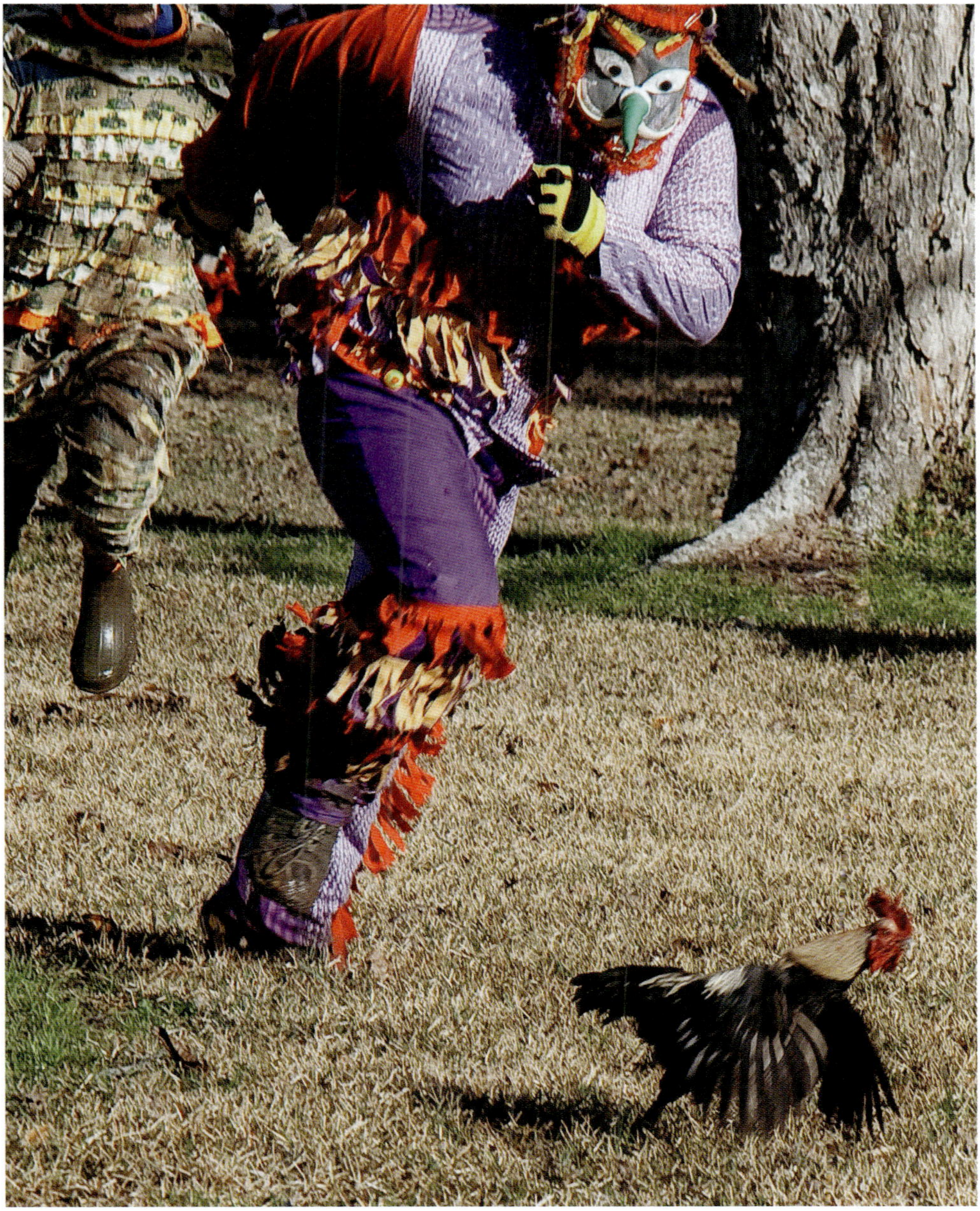

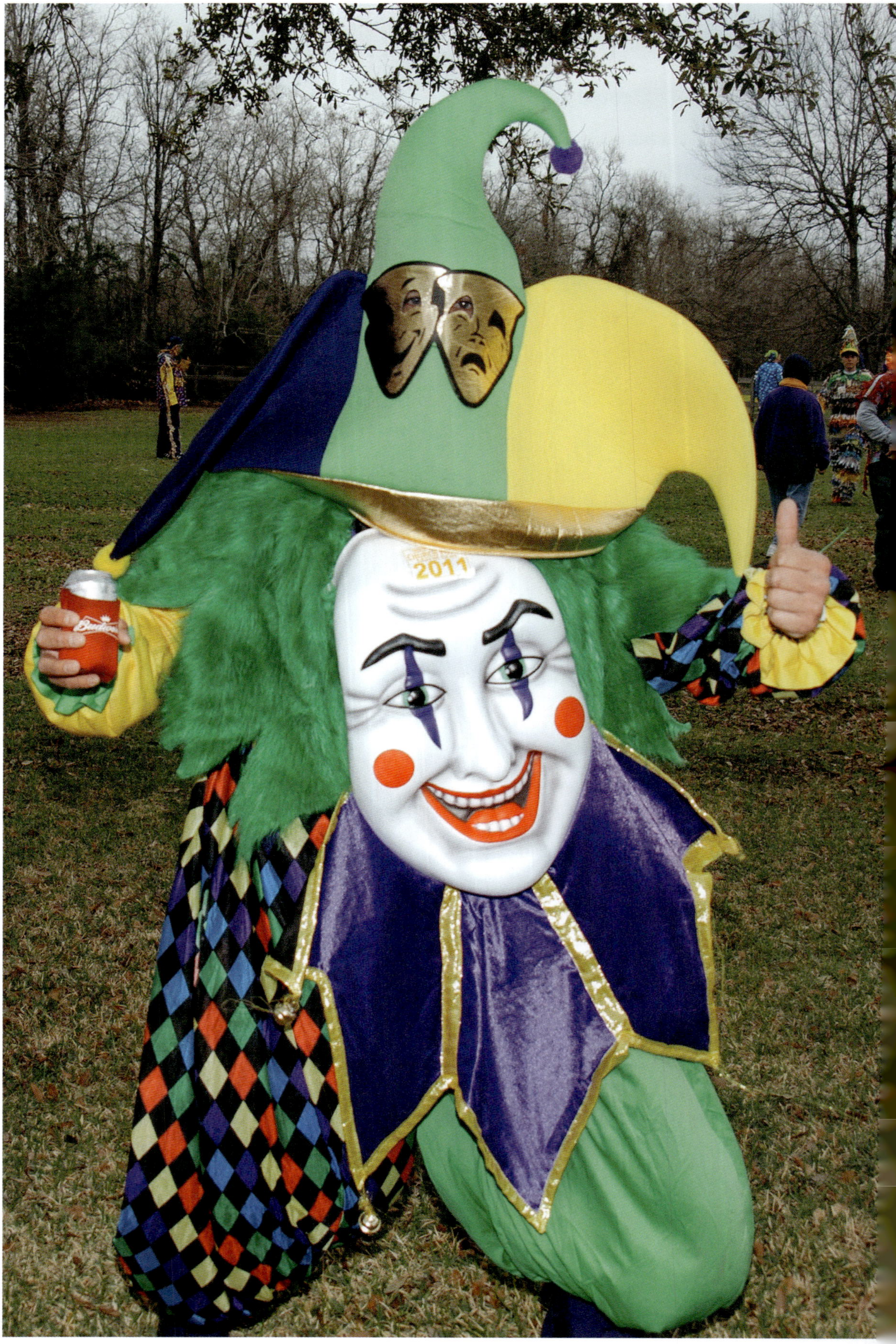
2011

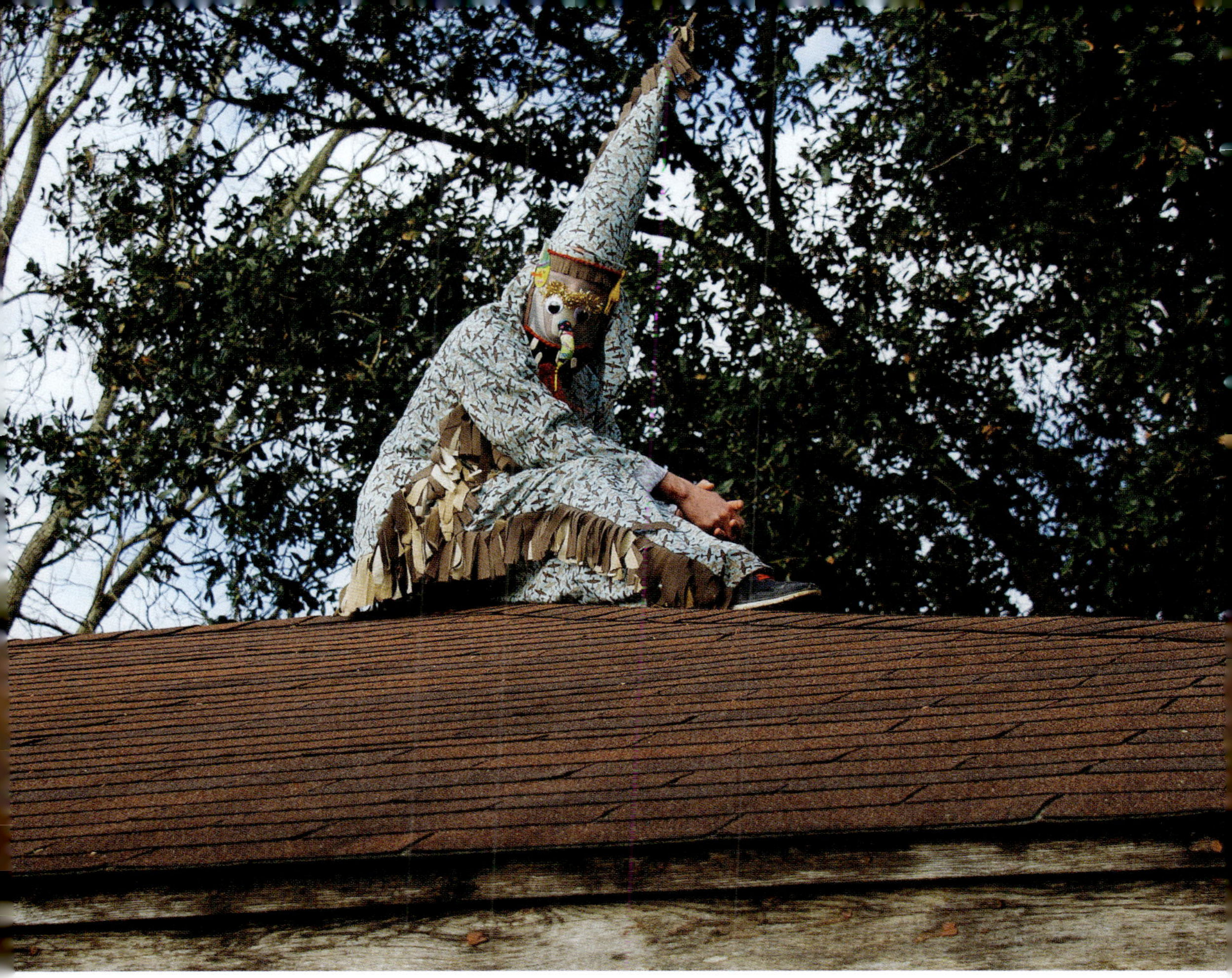

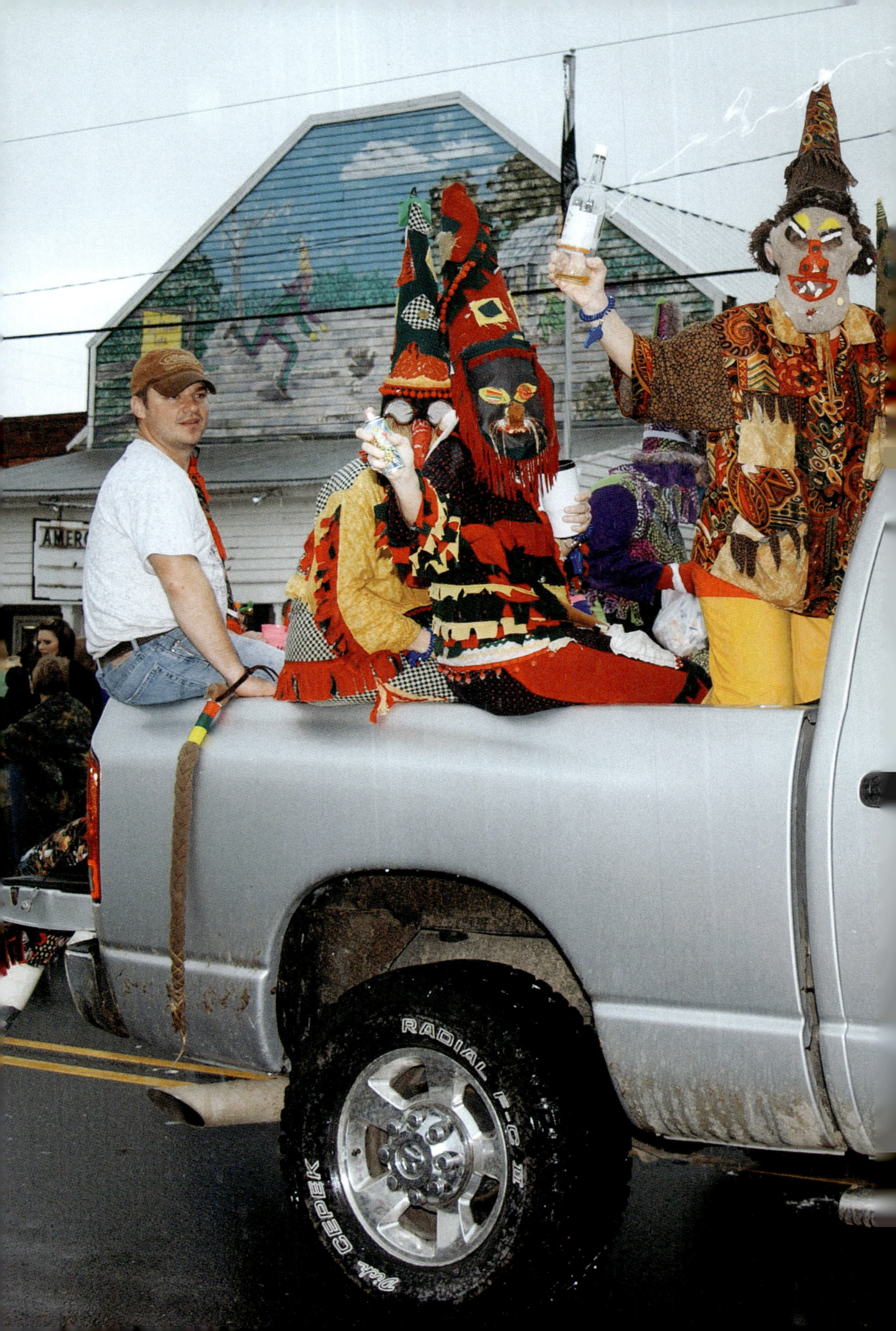
AMERC
RADIAL F-C II
Dick CEPEK

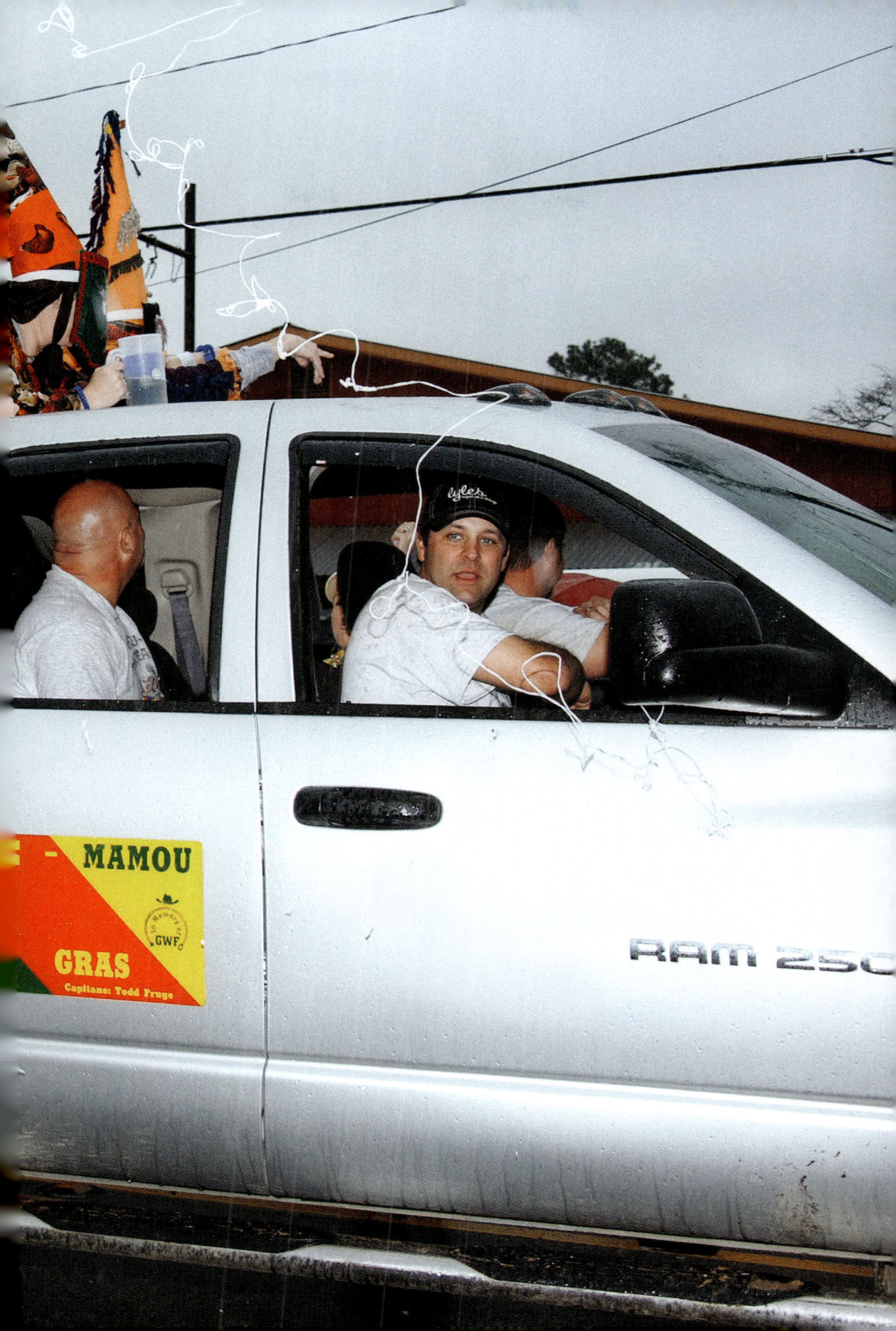

MAMOU
GRAS
Capitane: Todd Fruge
GWF
RAM 250

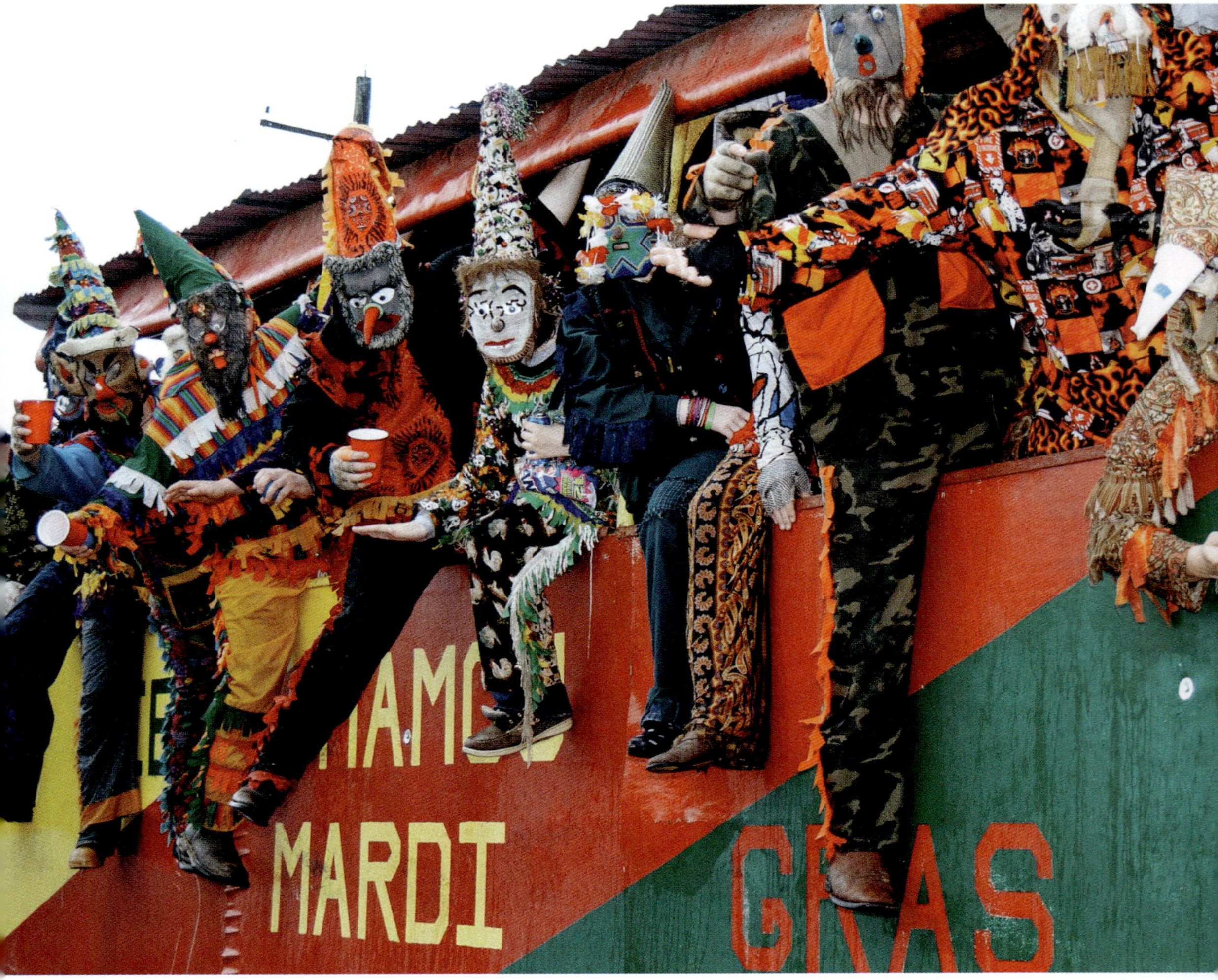
MARDI
GRAS

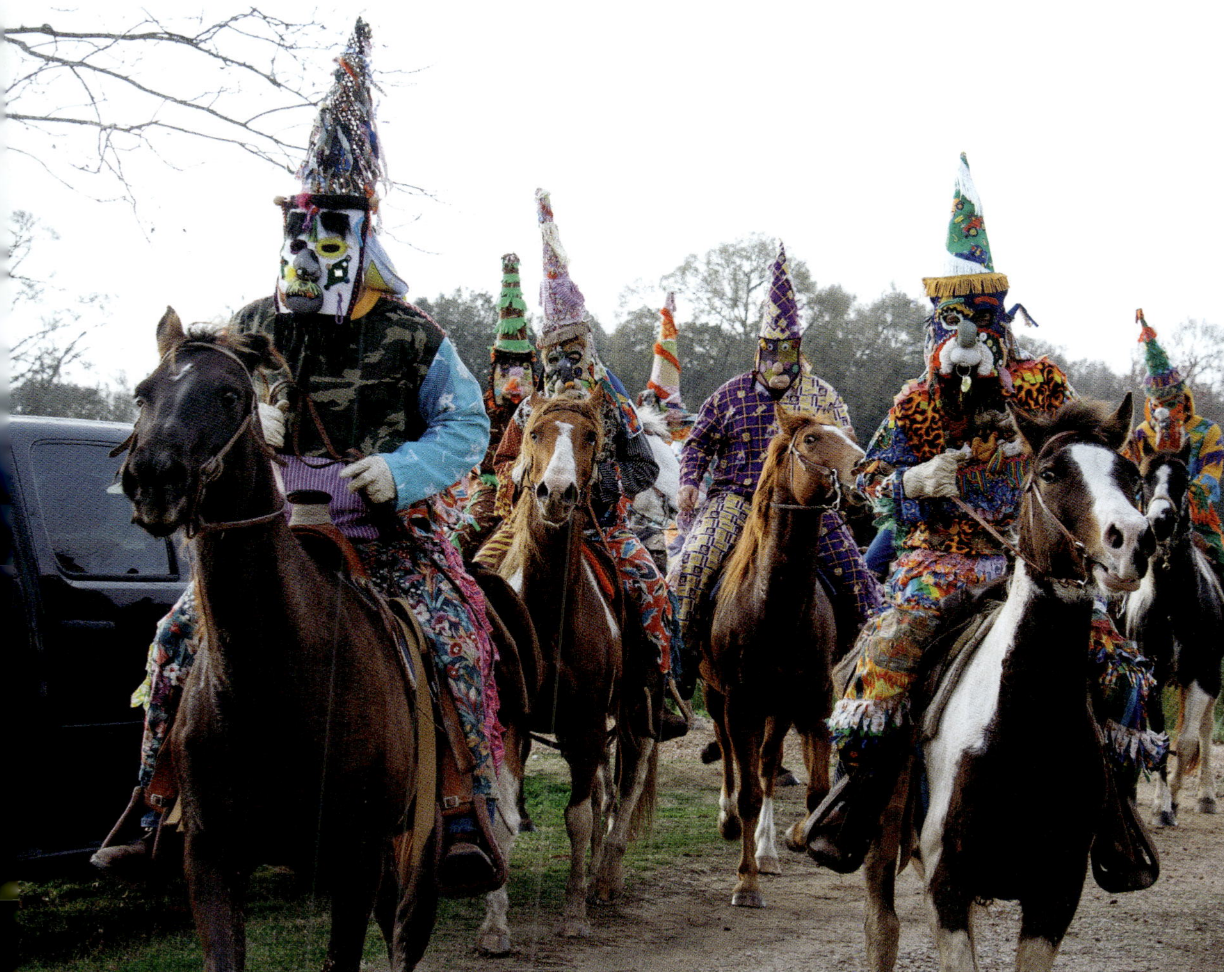

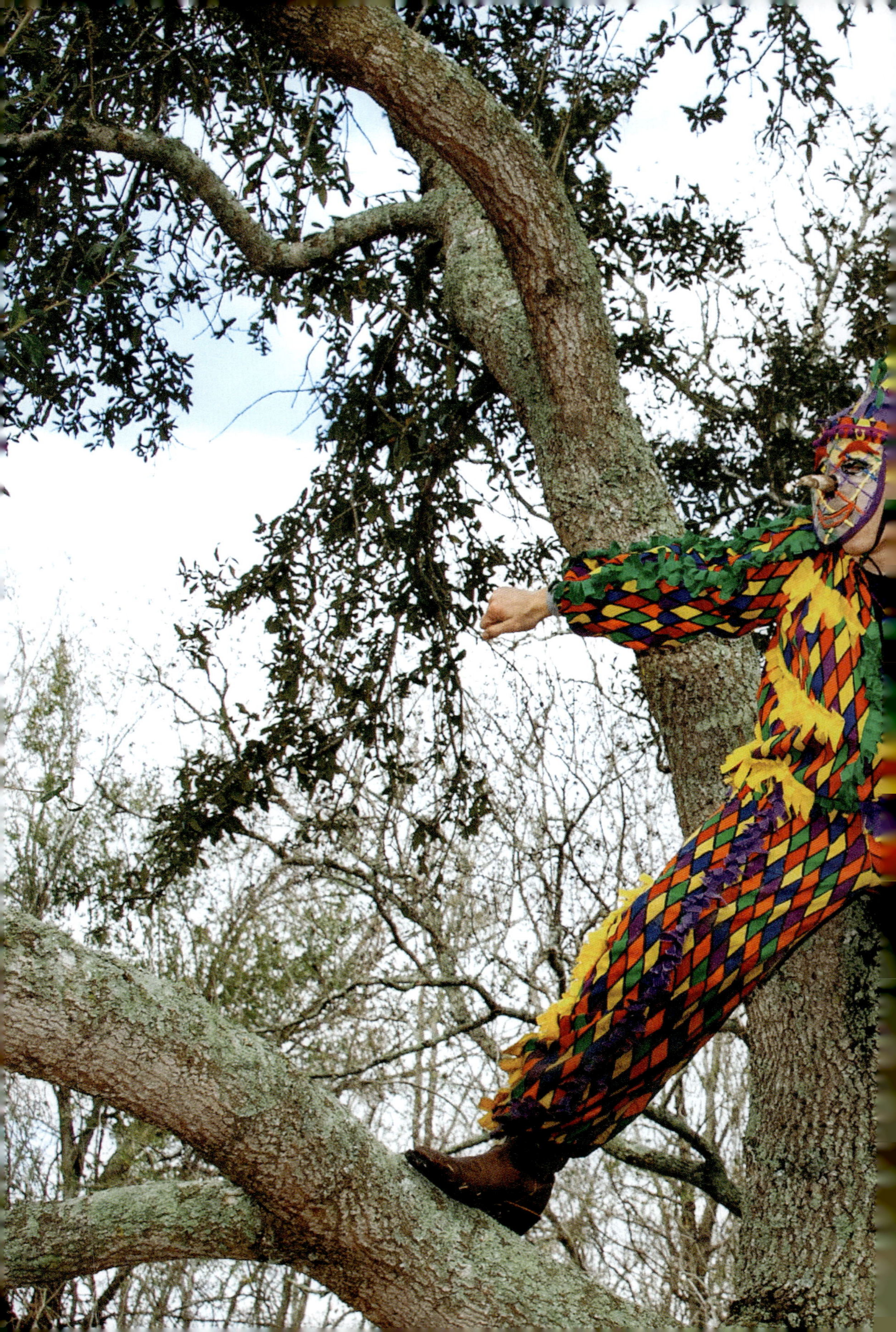

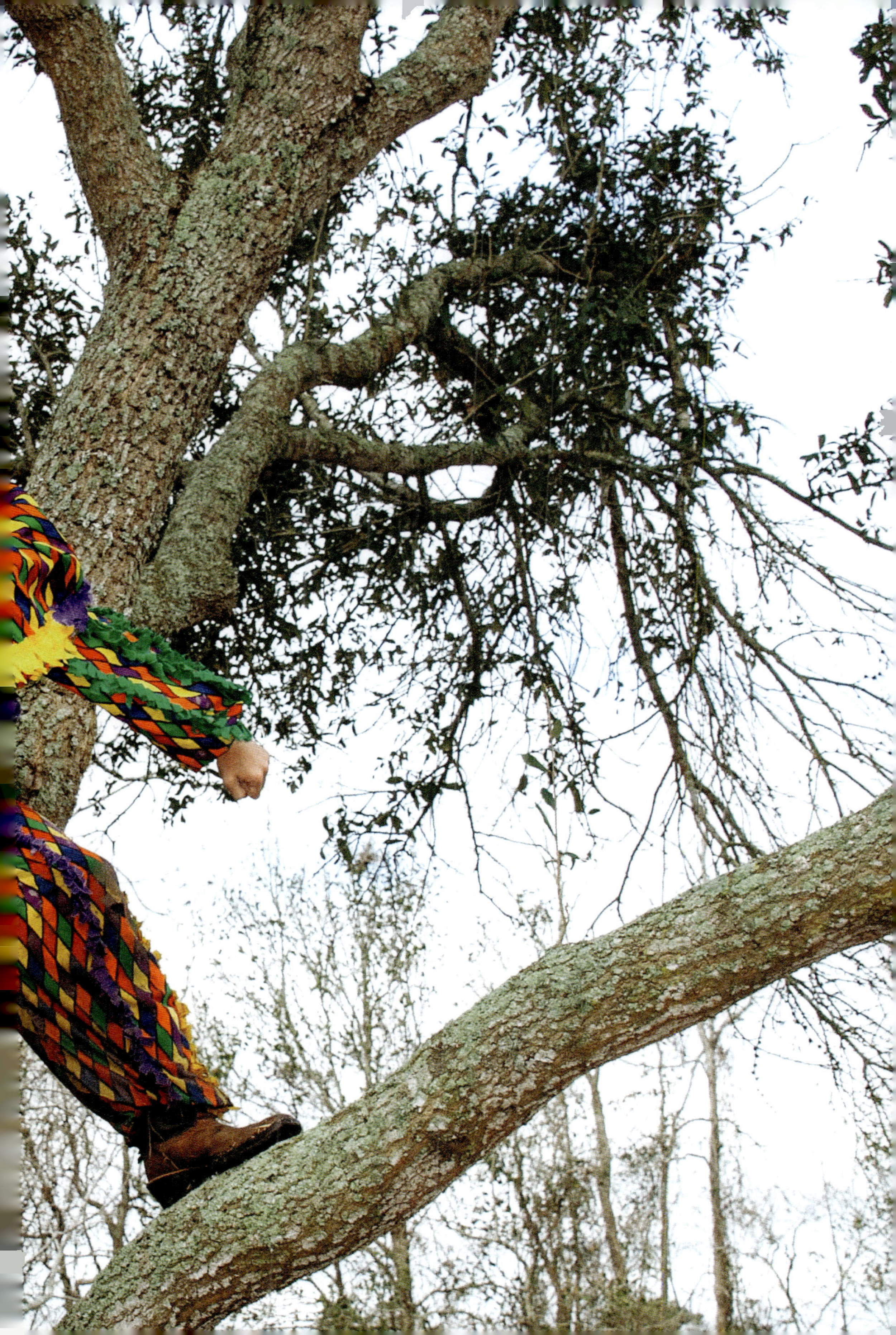

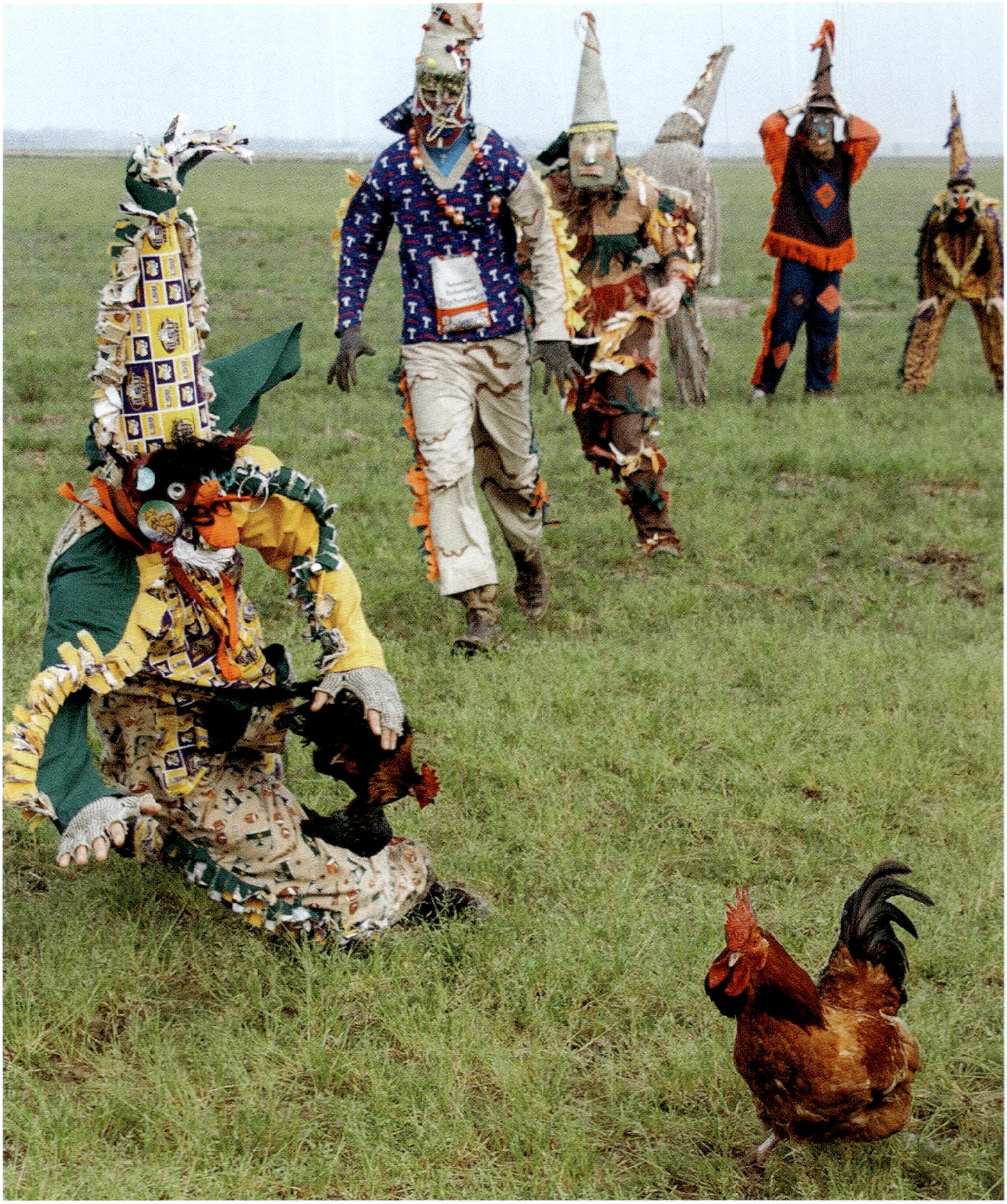

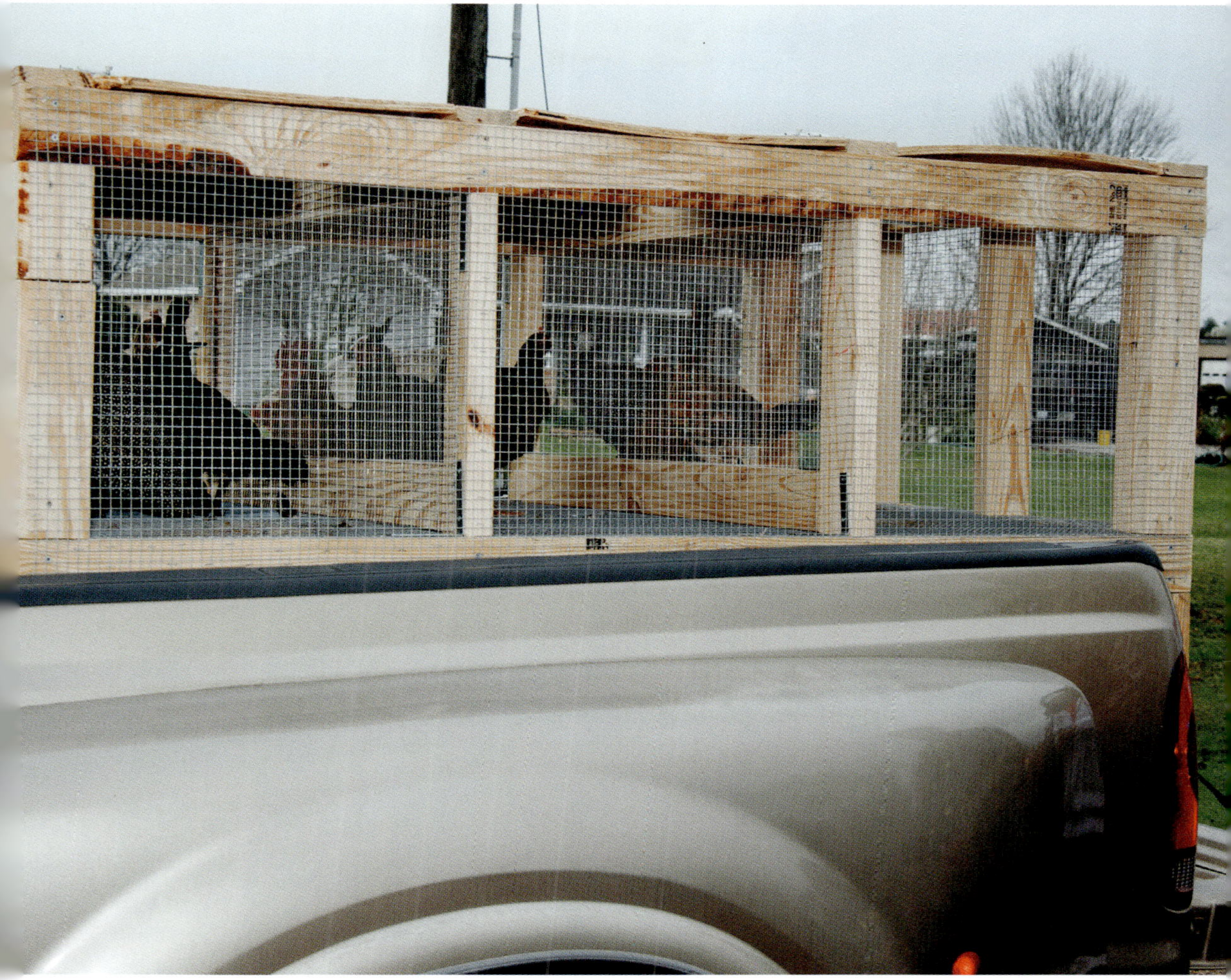

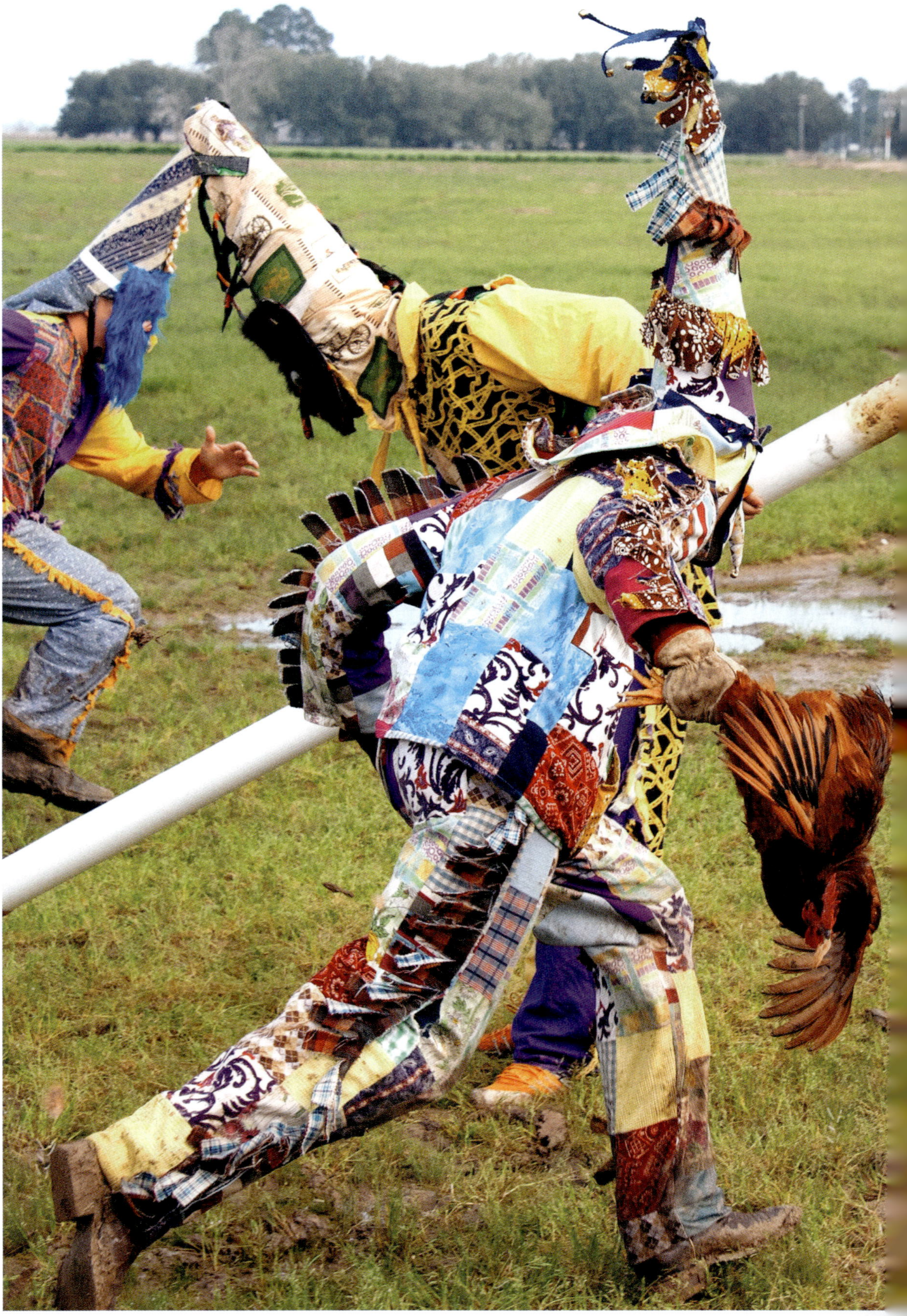

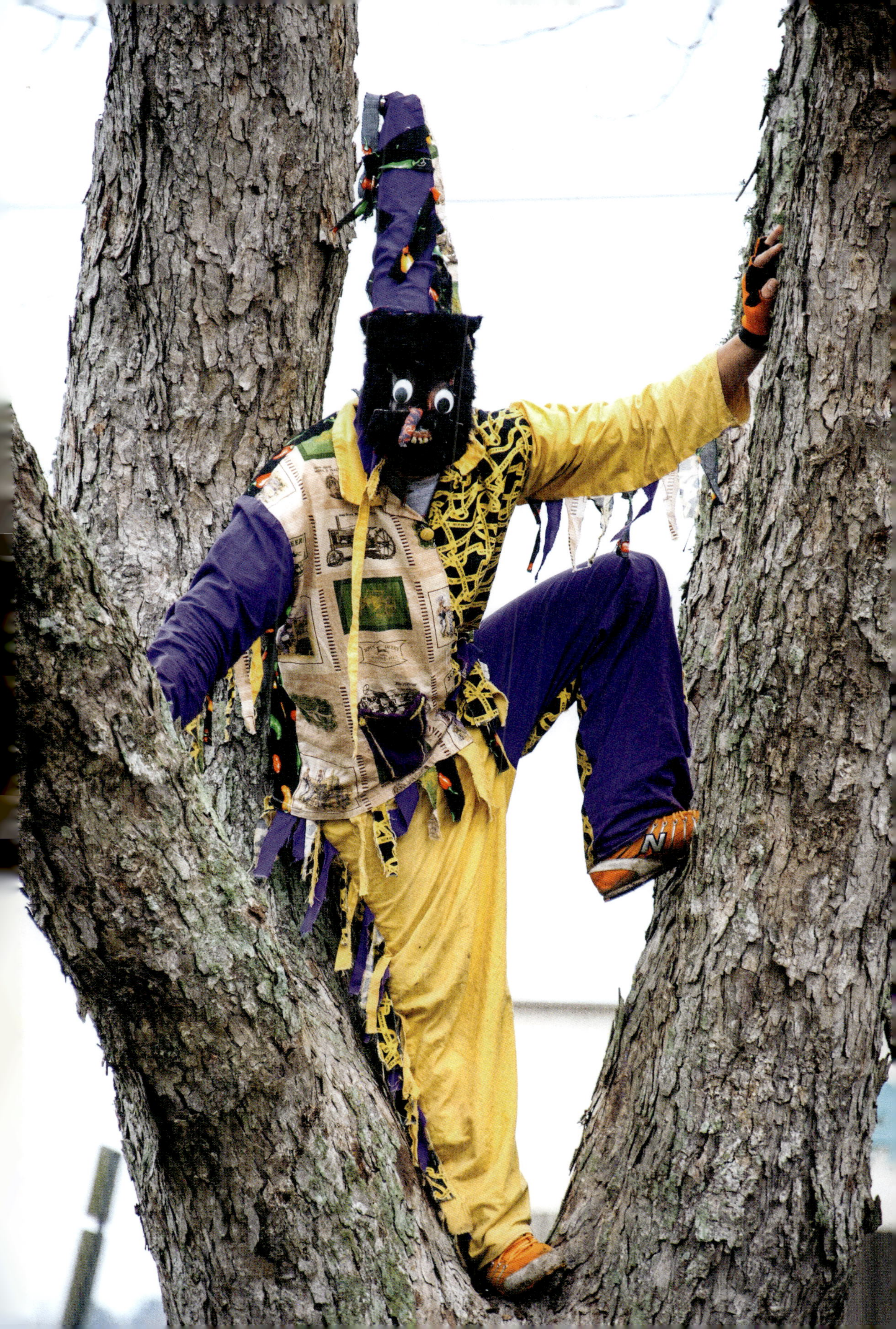

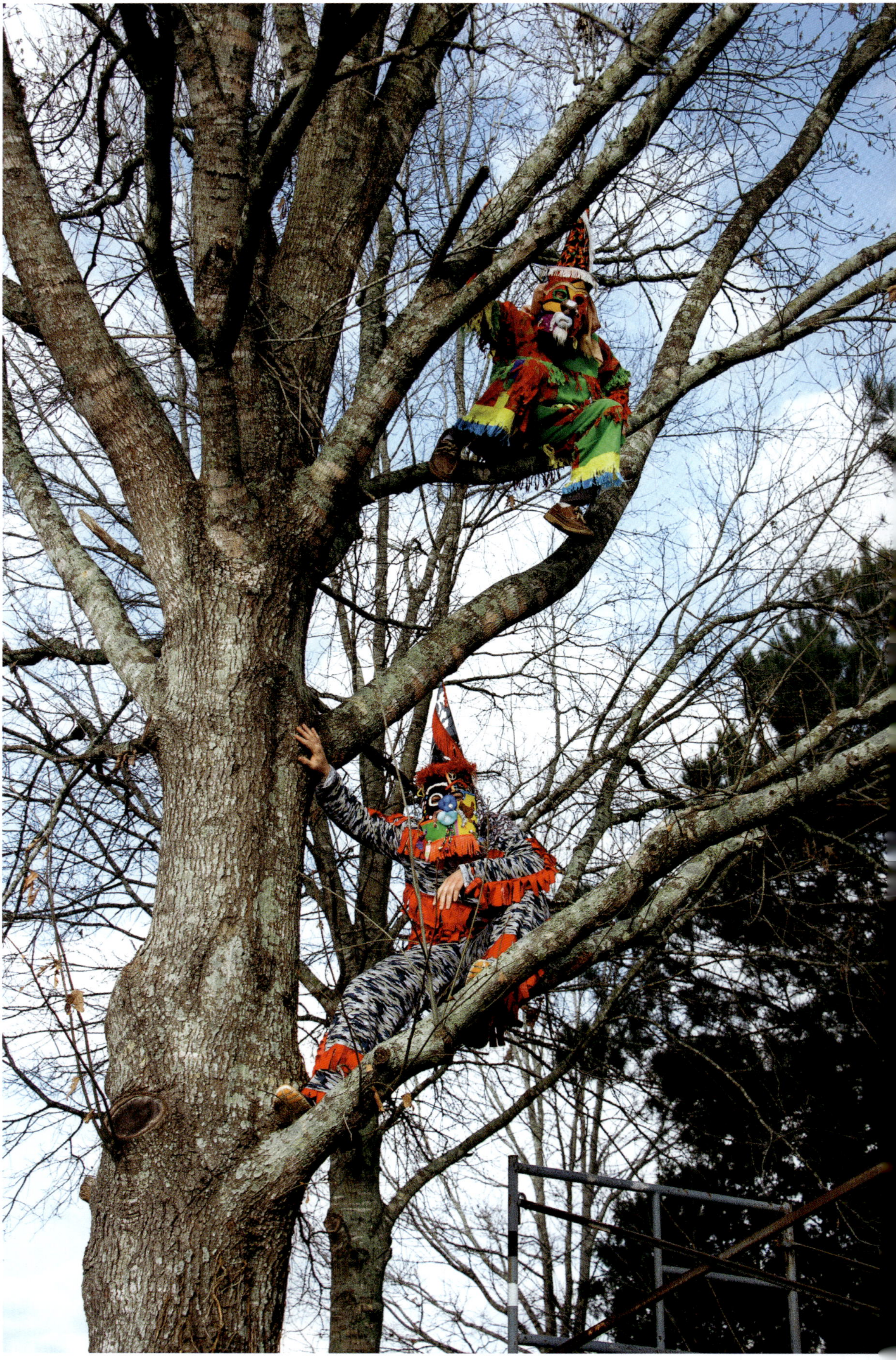

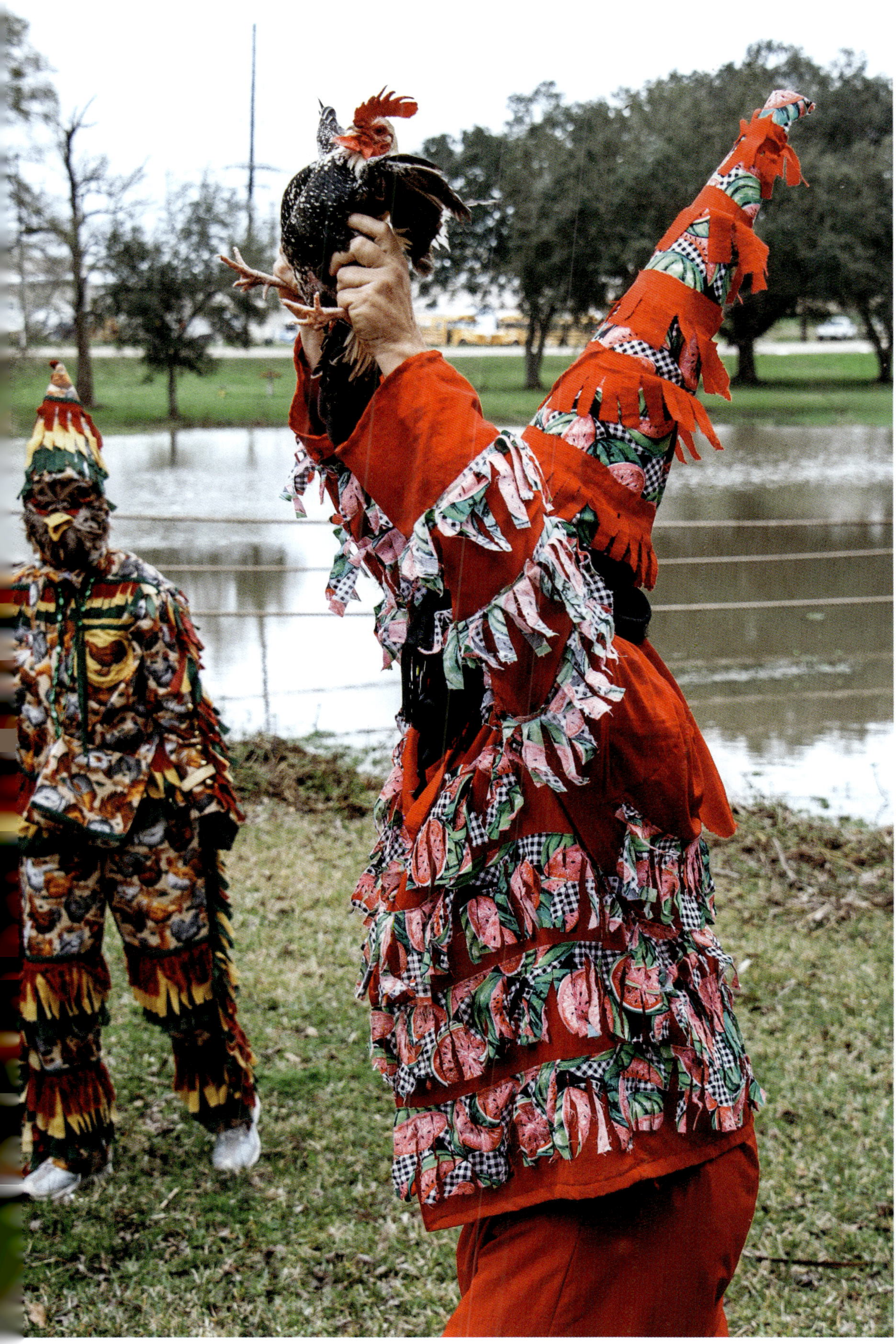

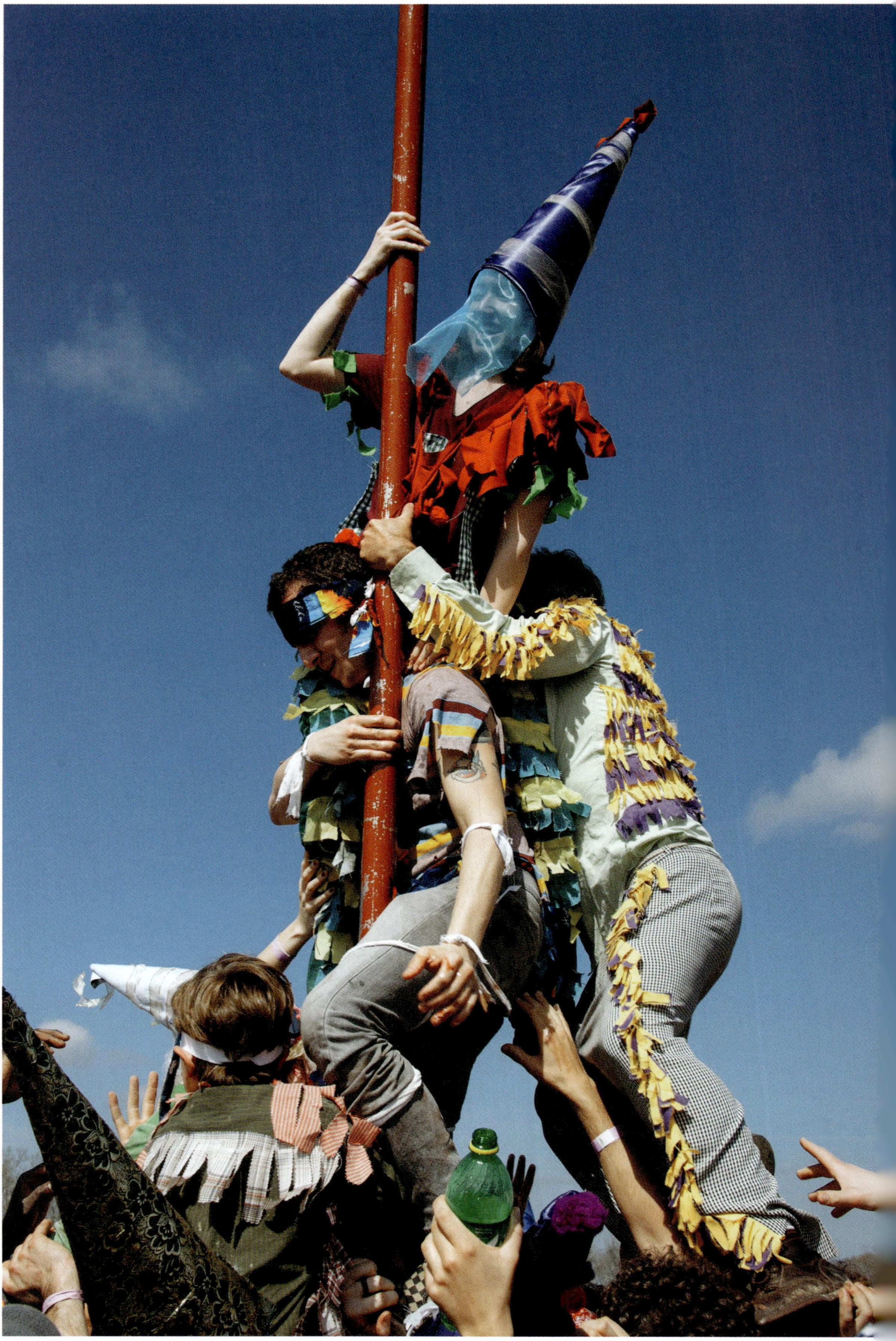

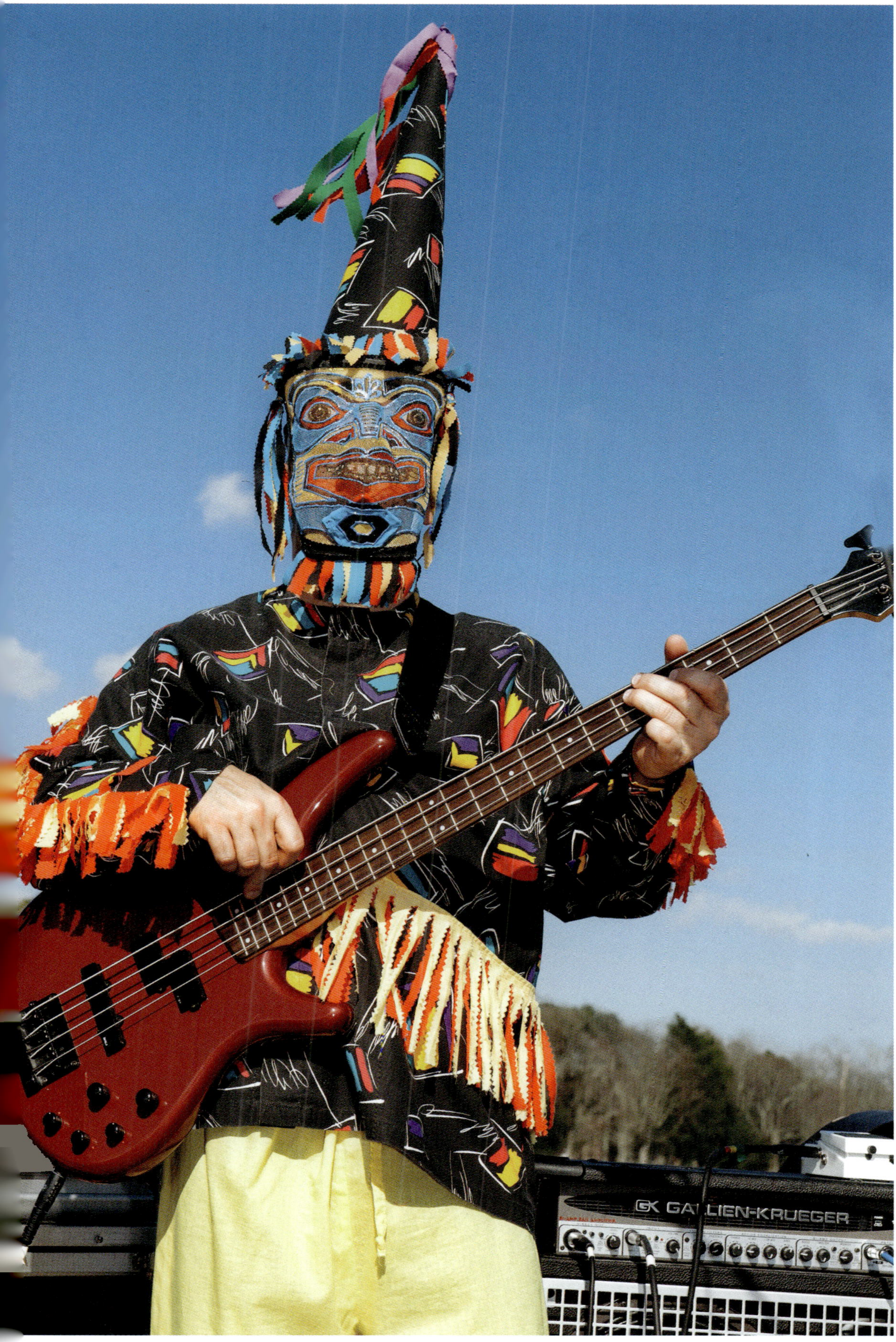
GK GALLIEN-KRUEGER

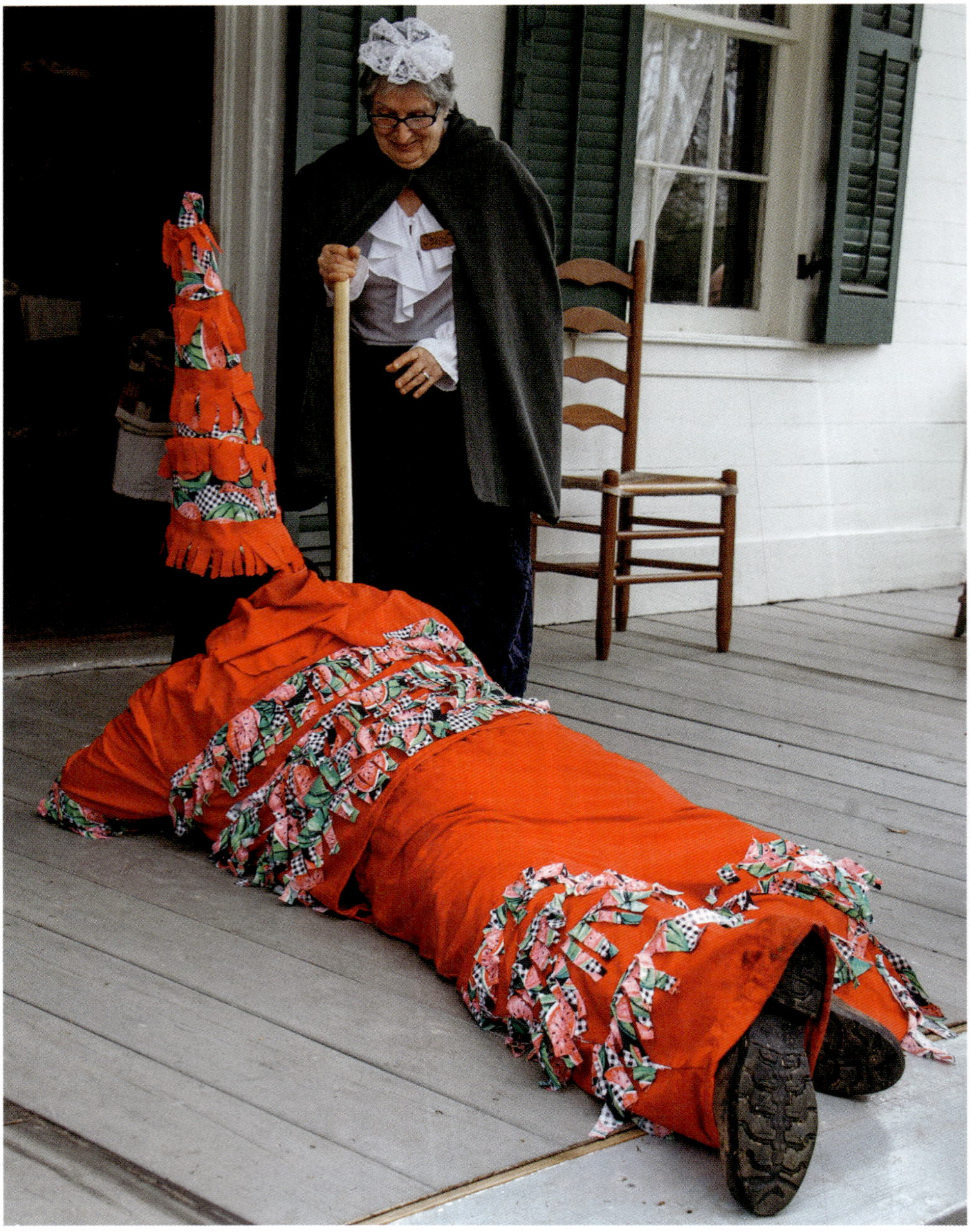

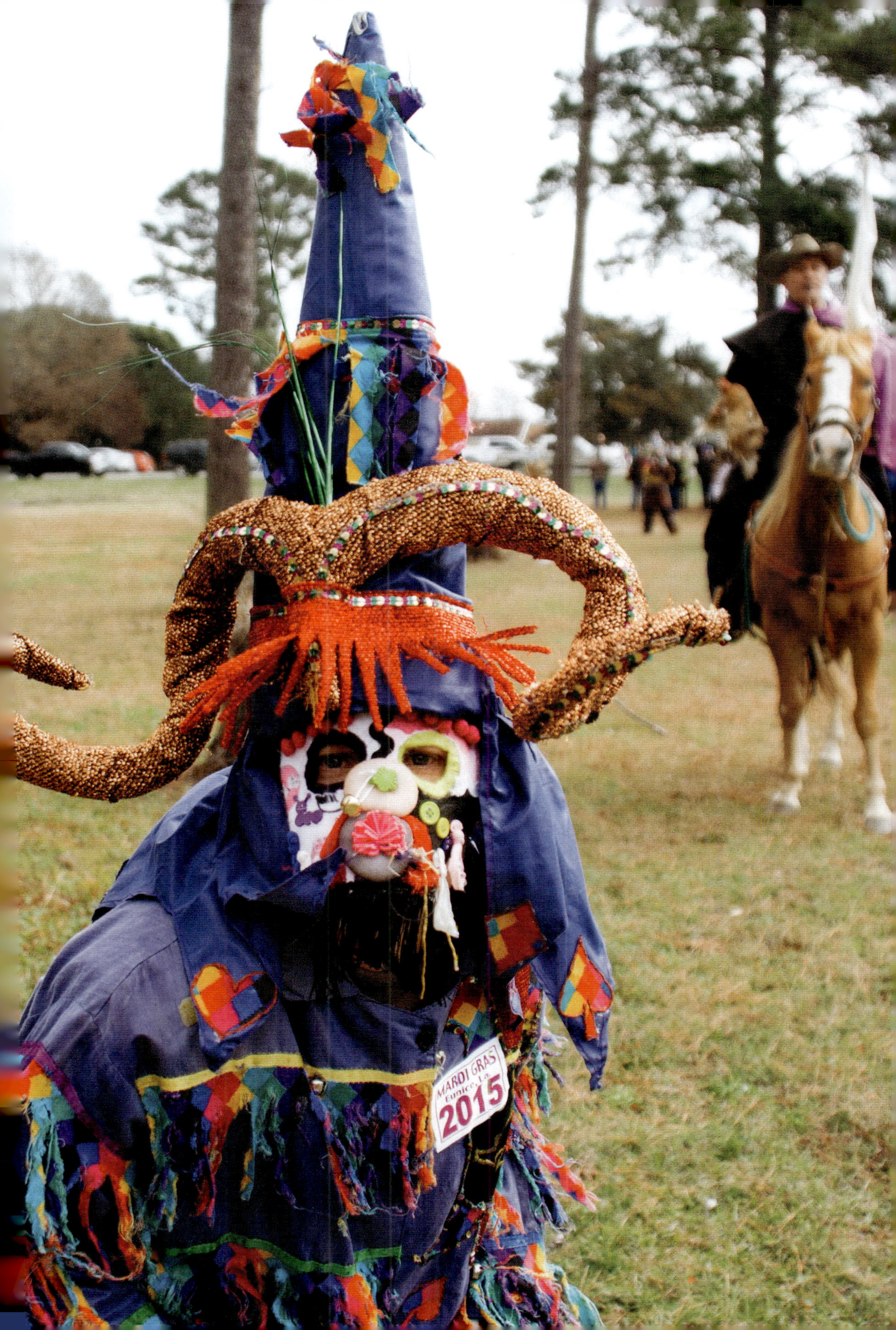
MARDI GRAS
Eunice, La.
2015

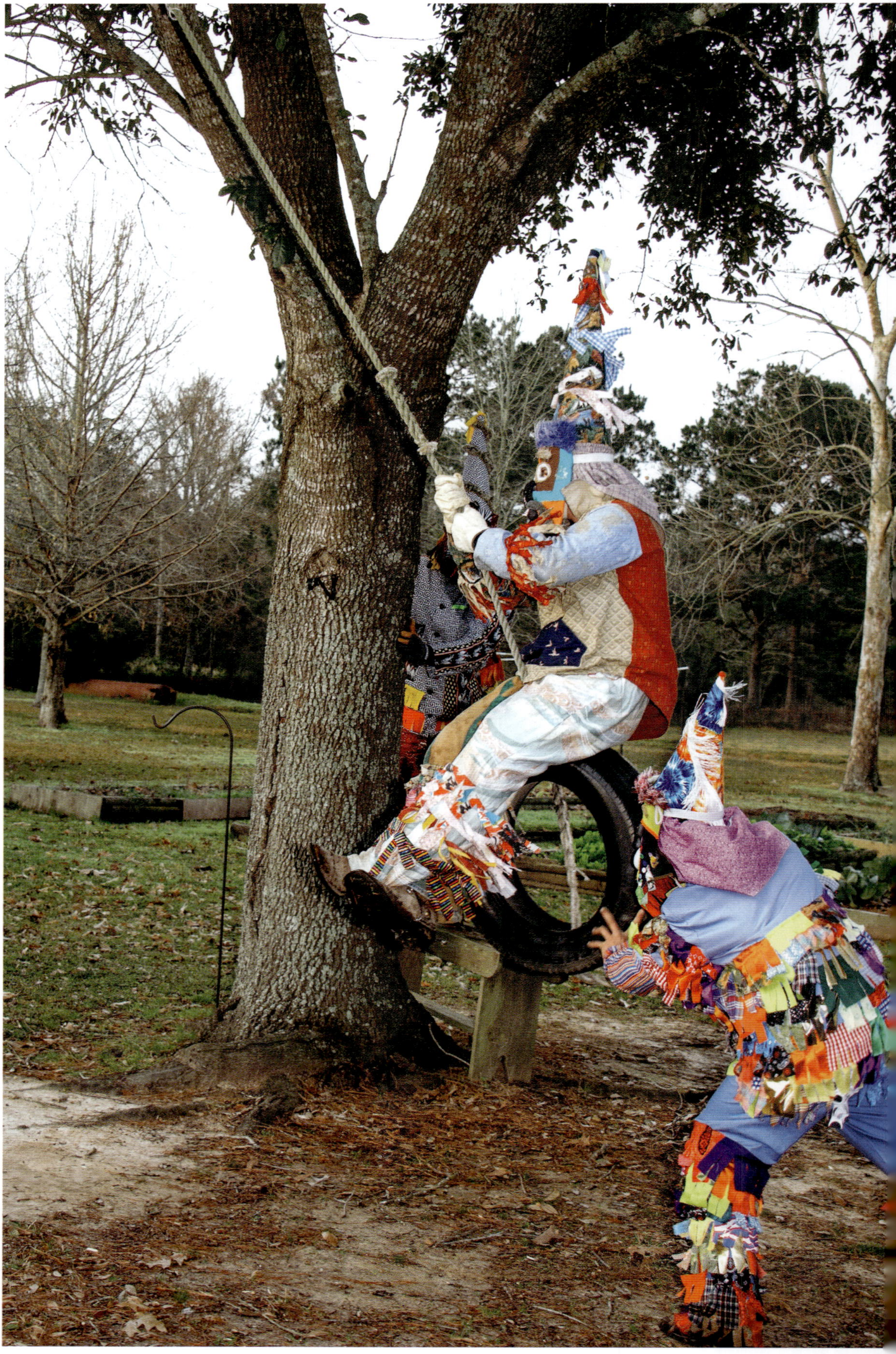

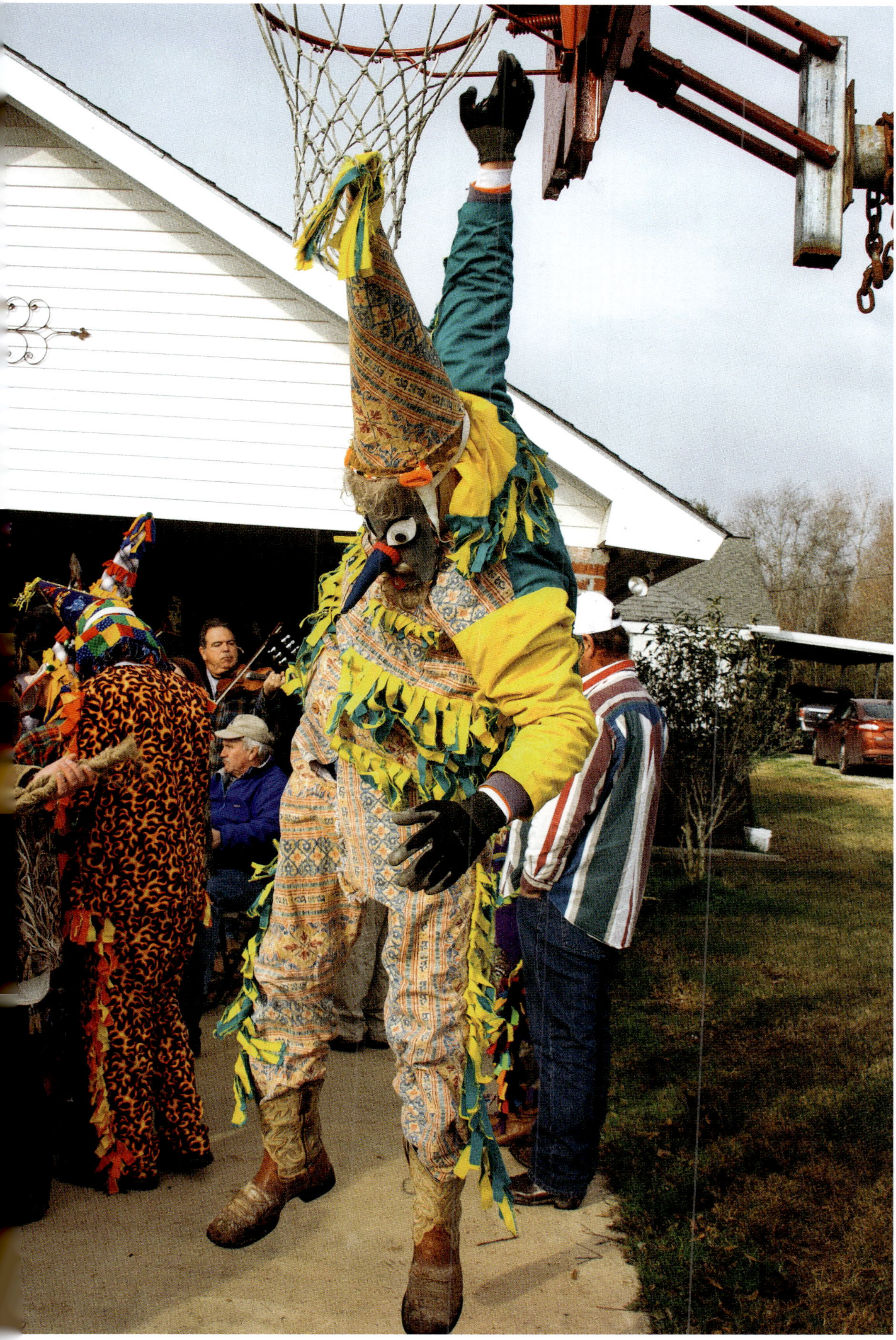

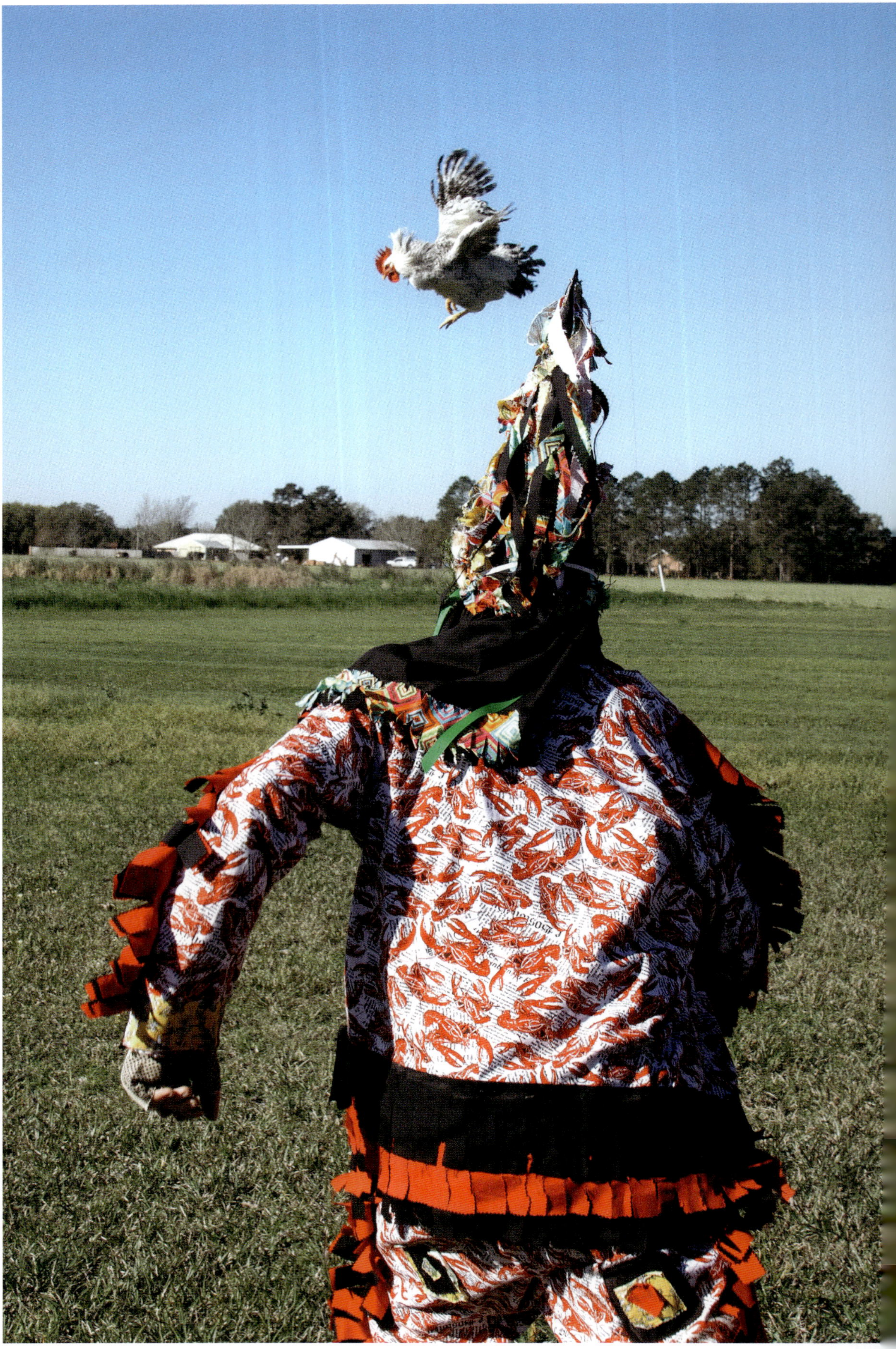

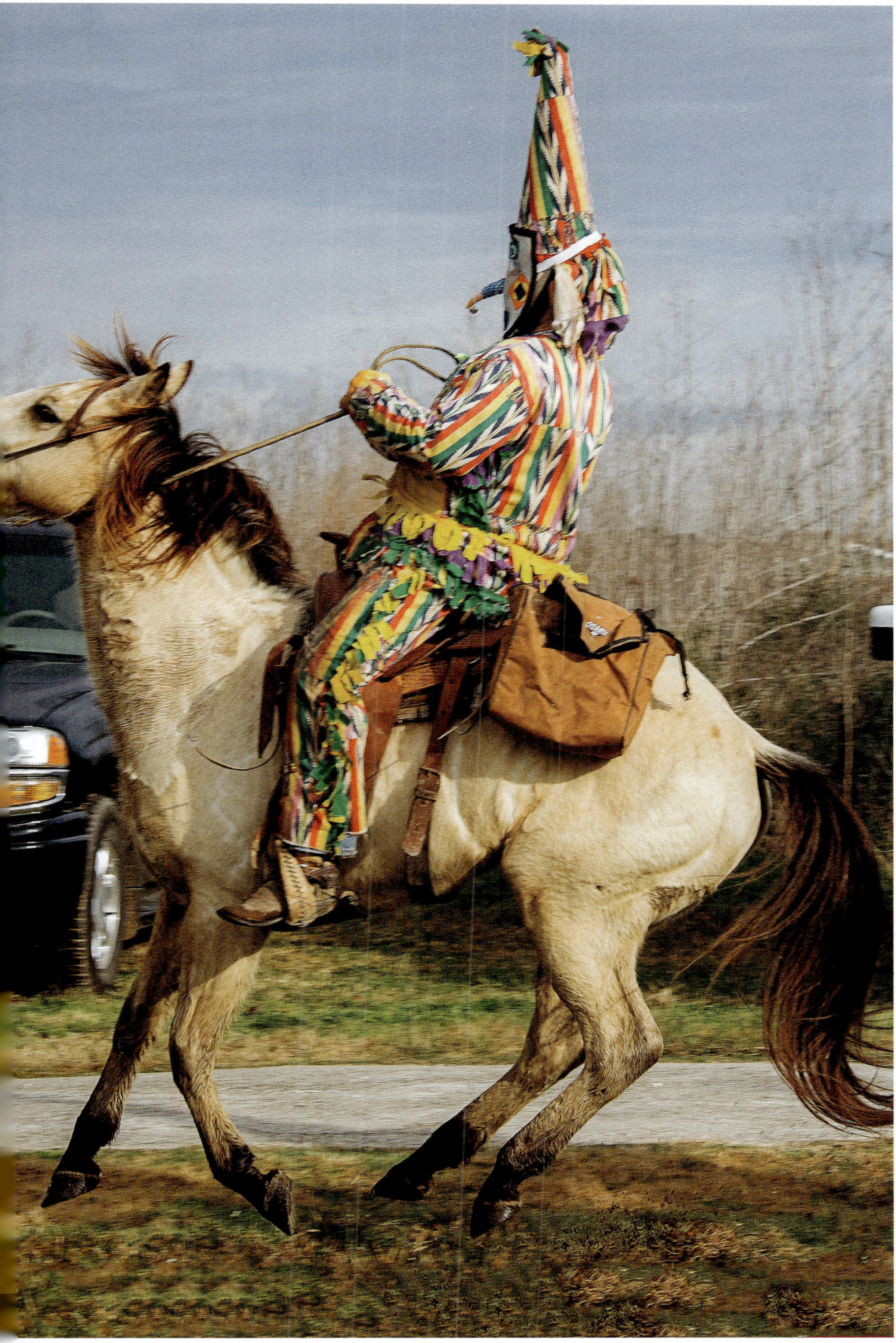

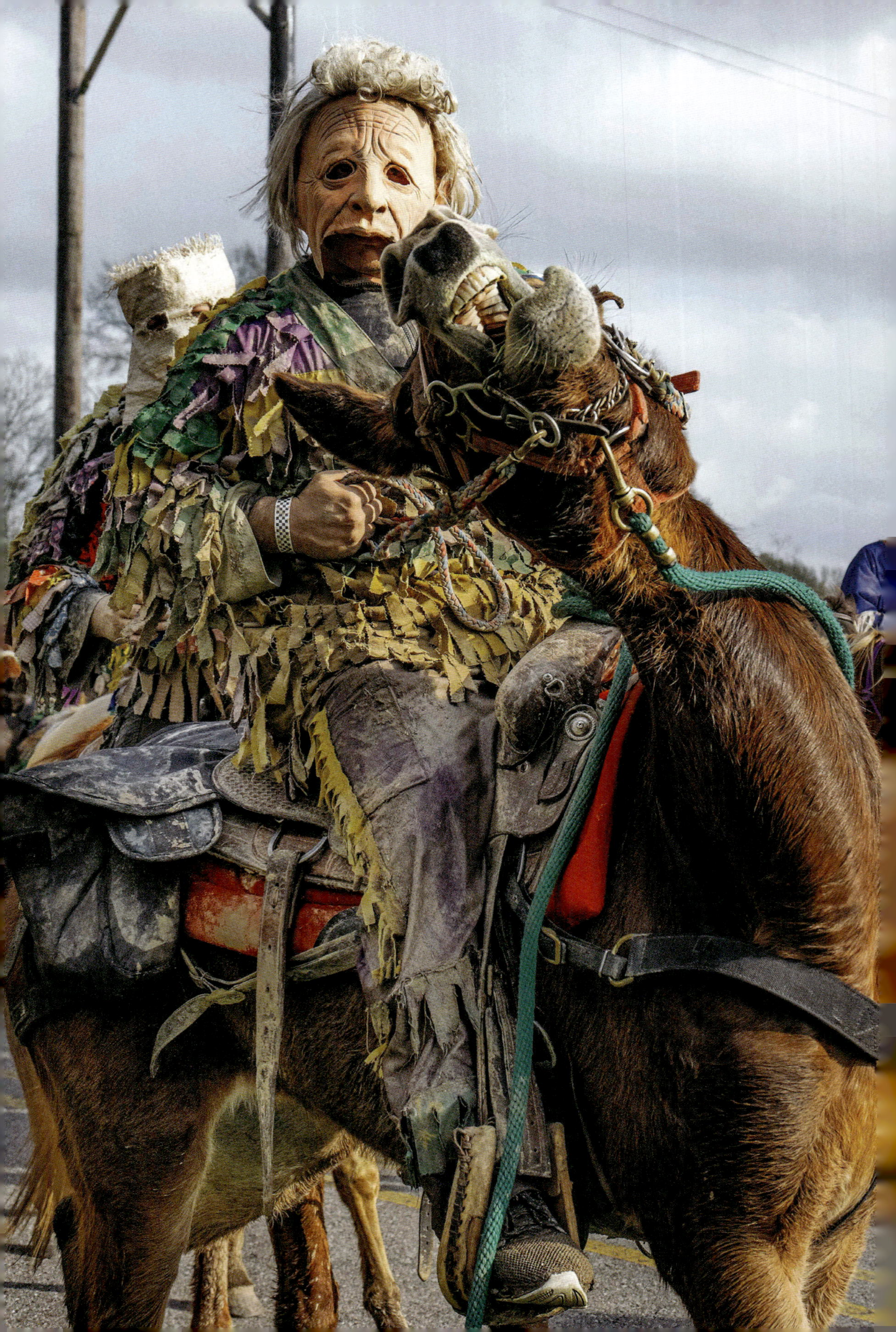

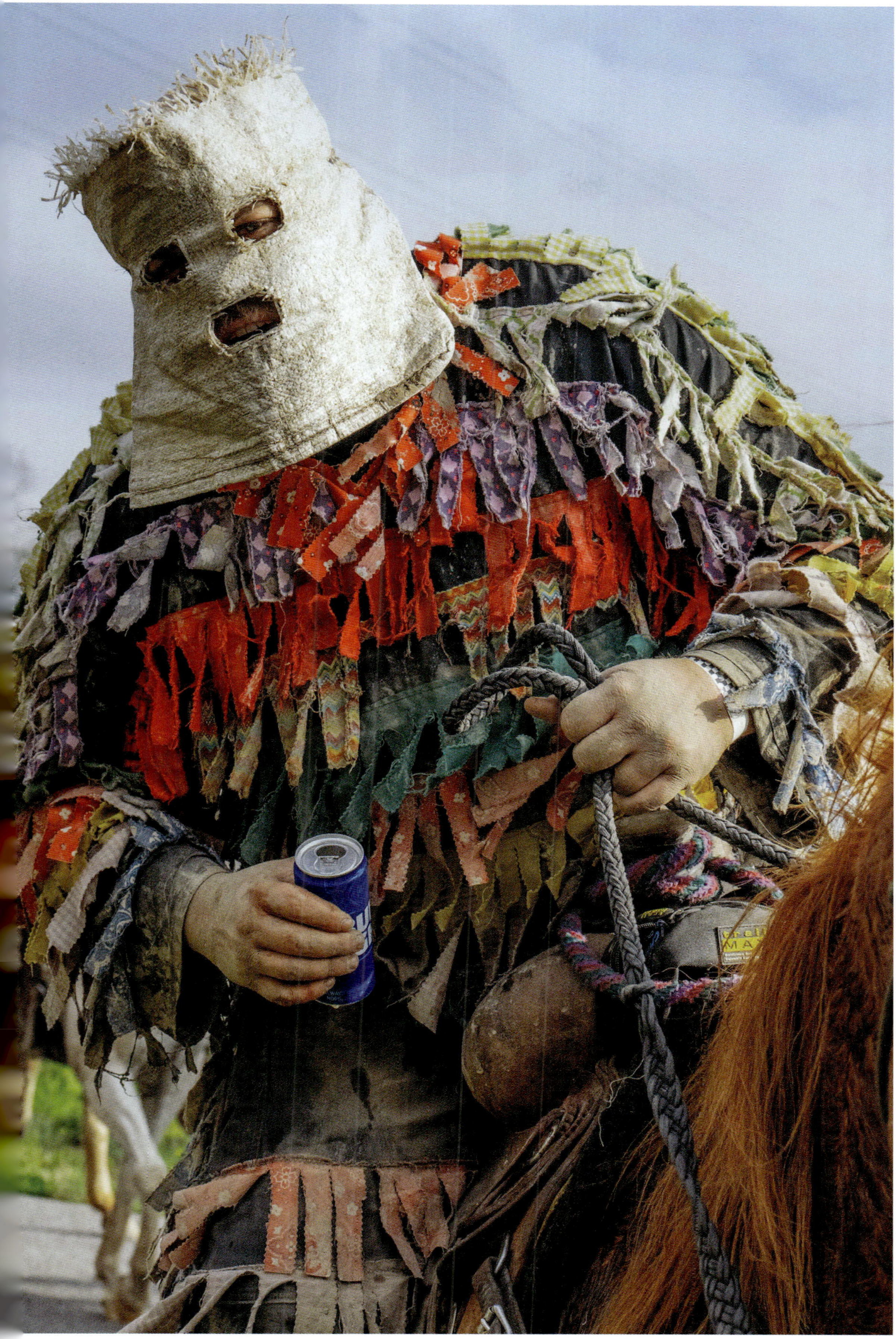

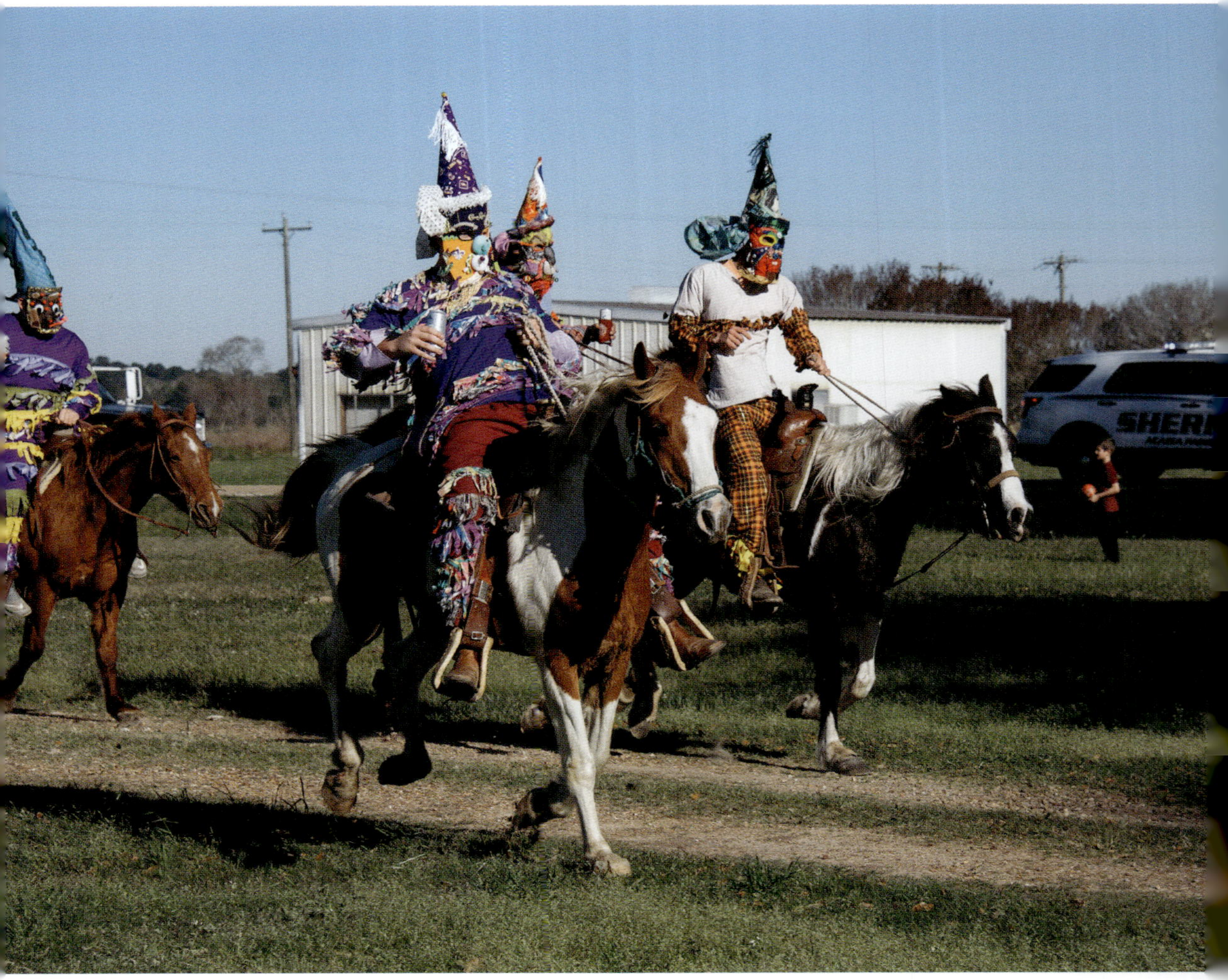

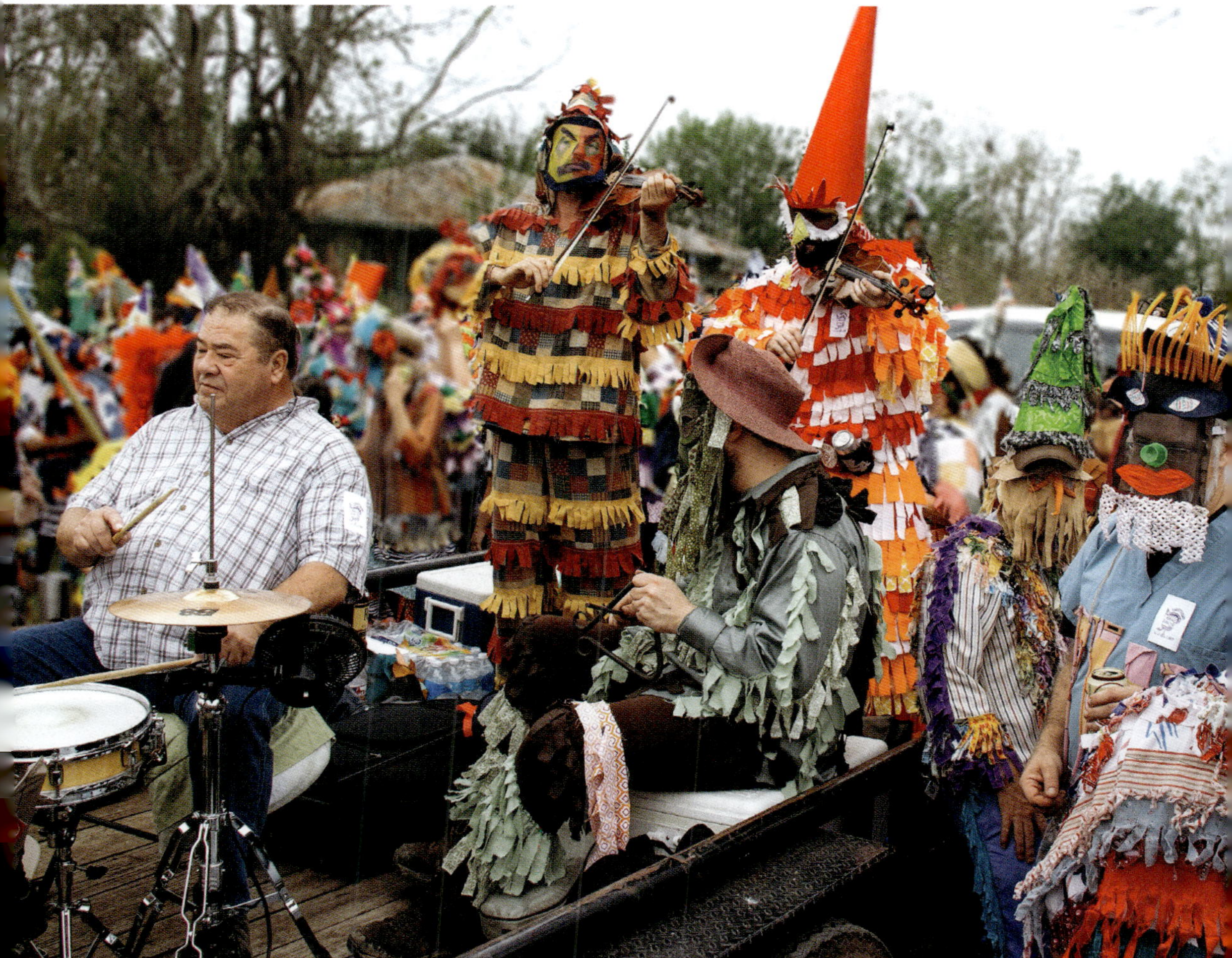

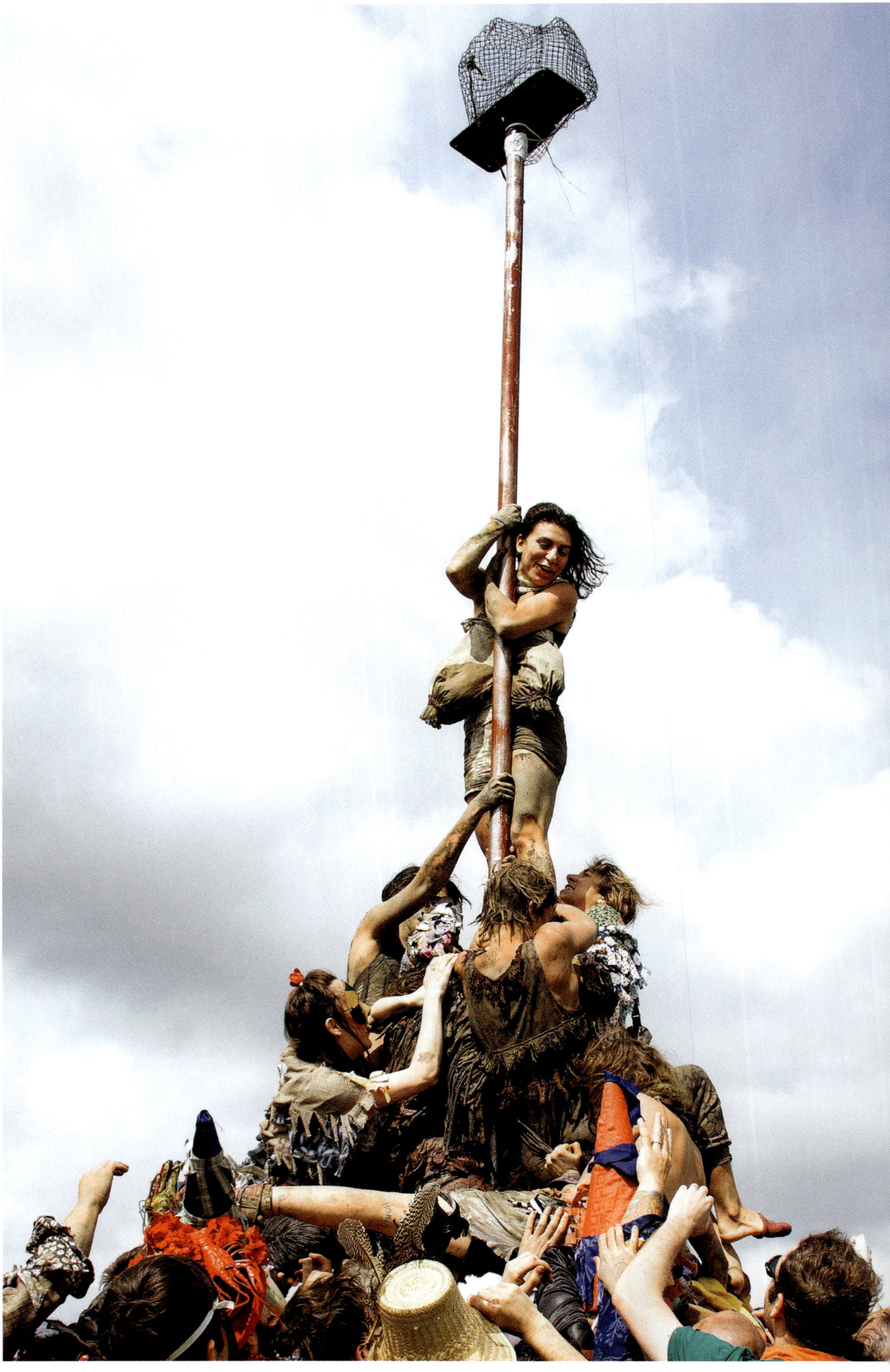

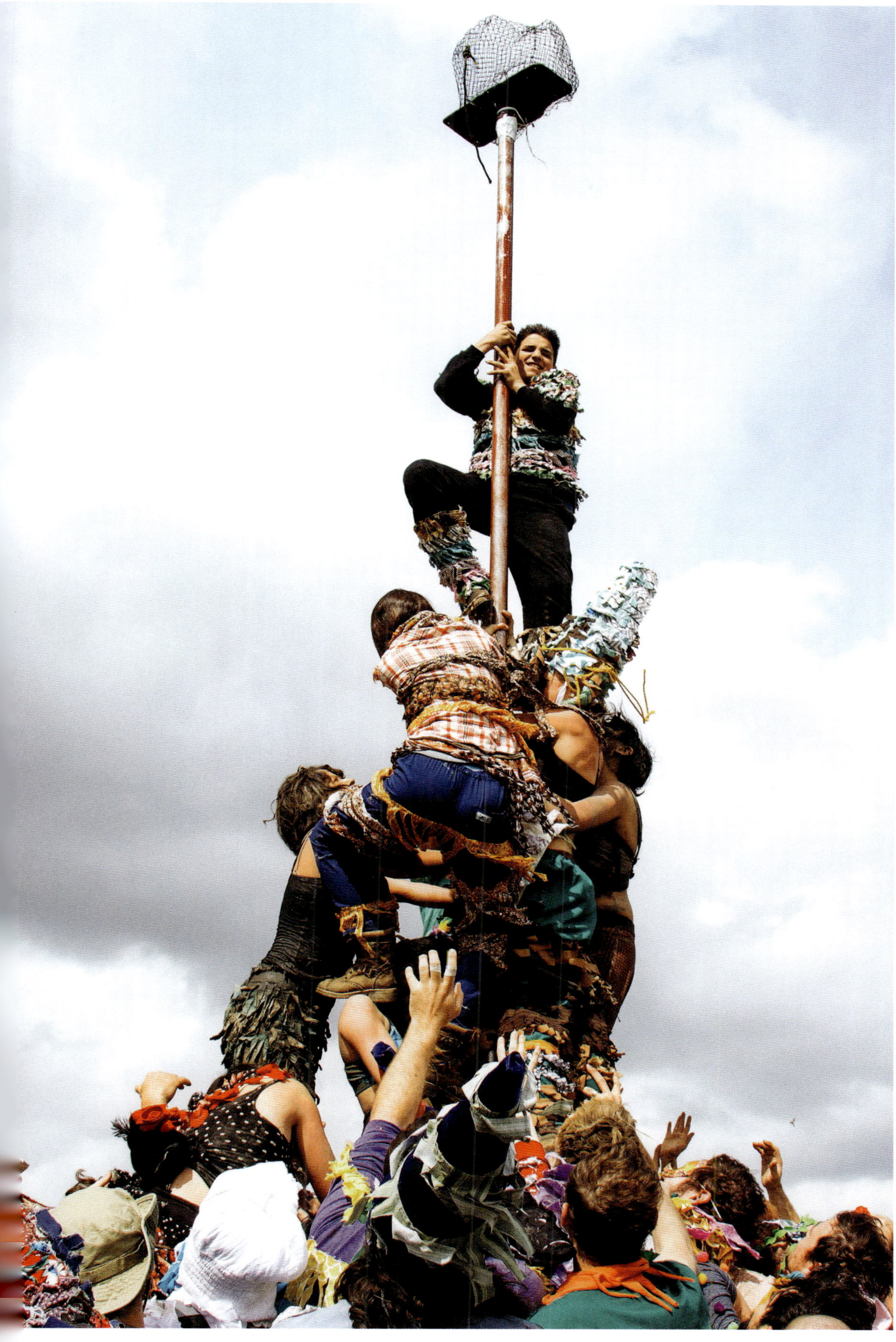

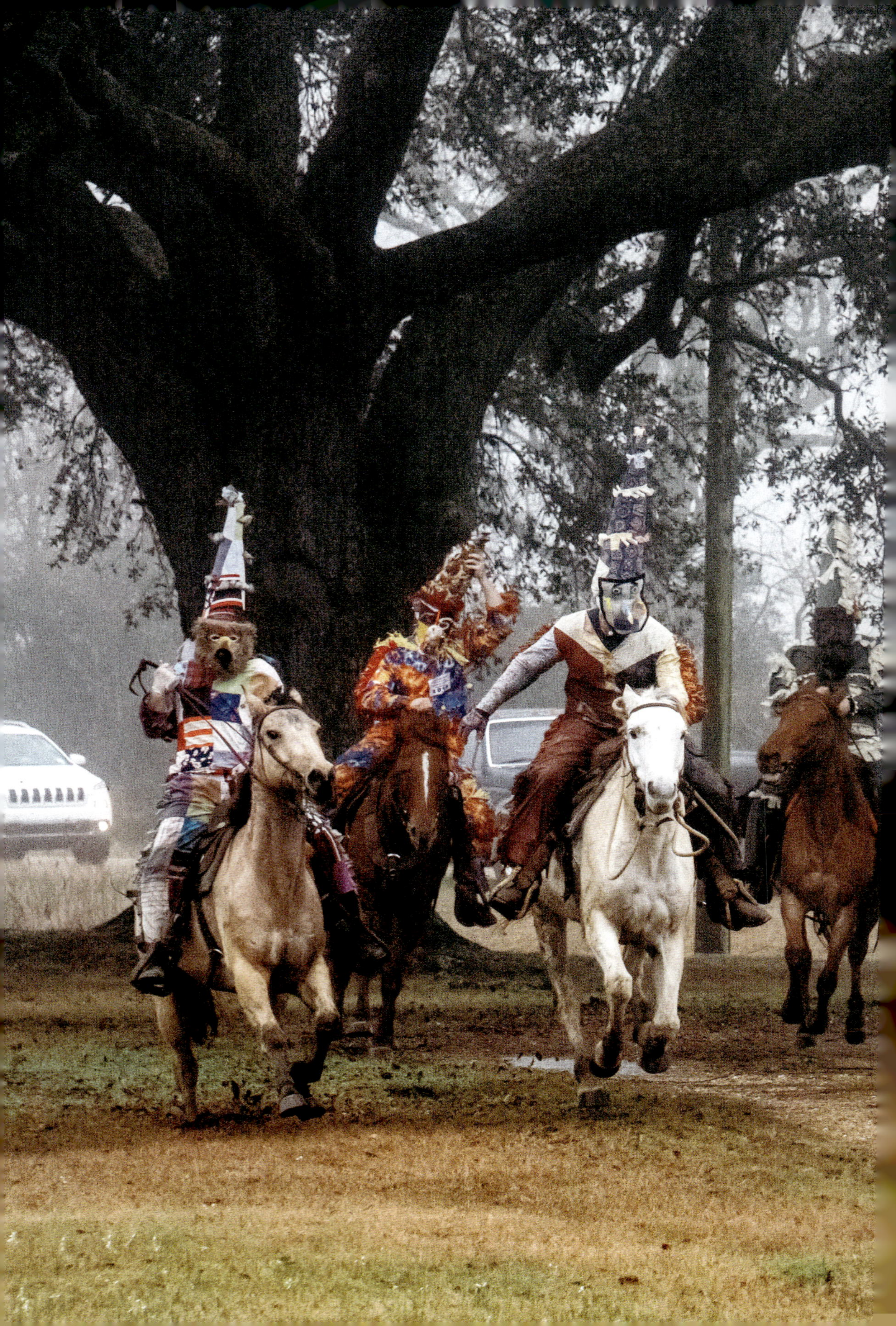

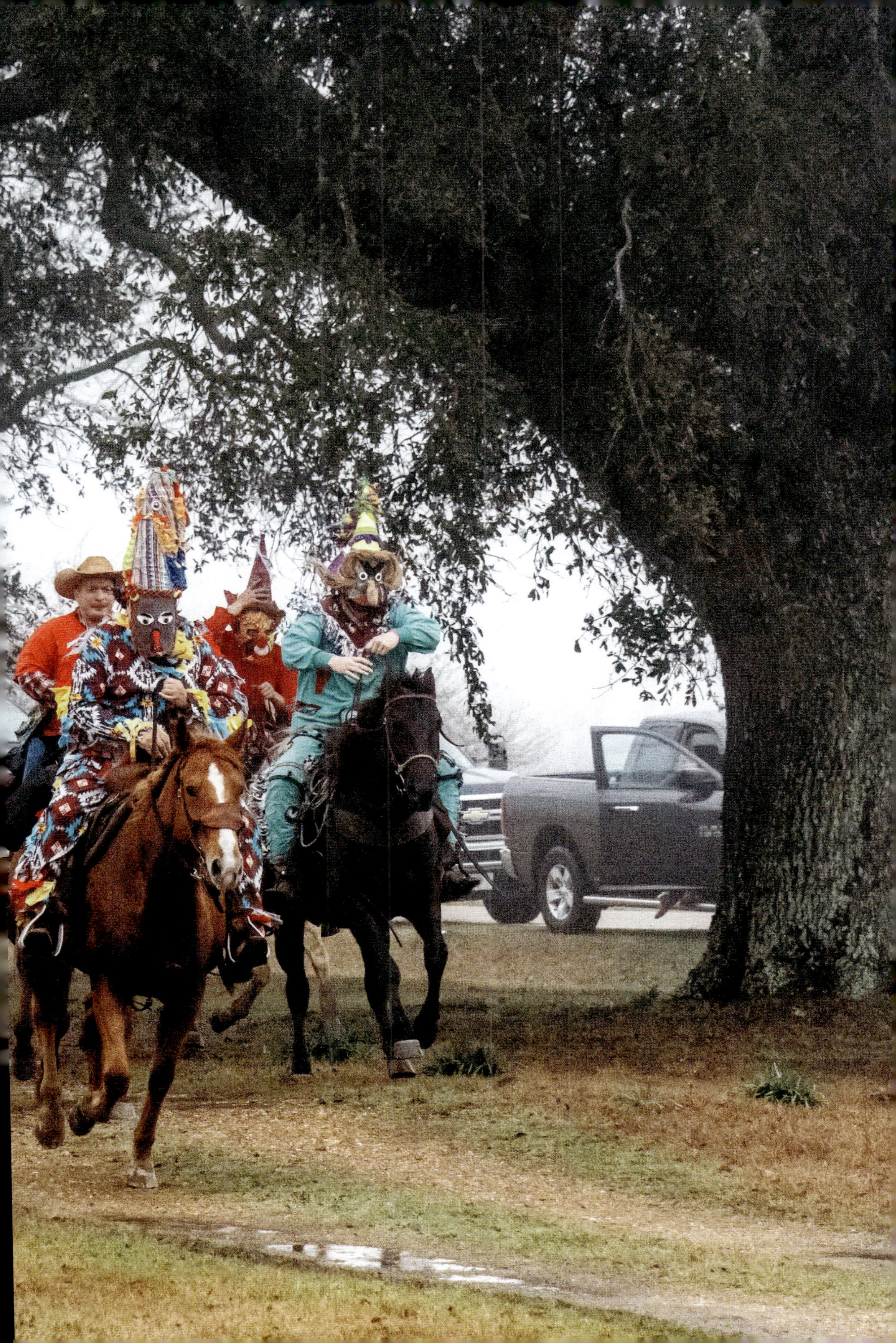

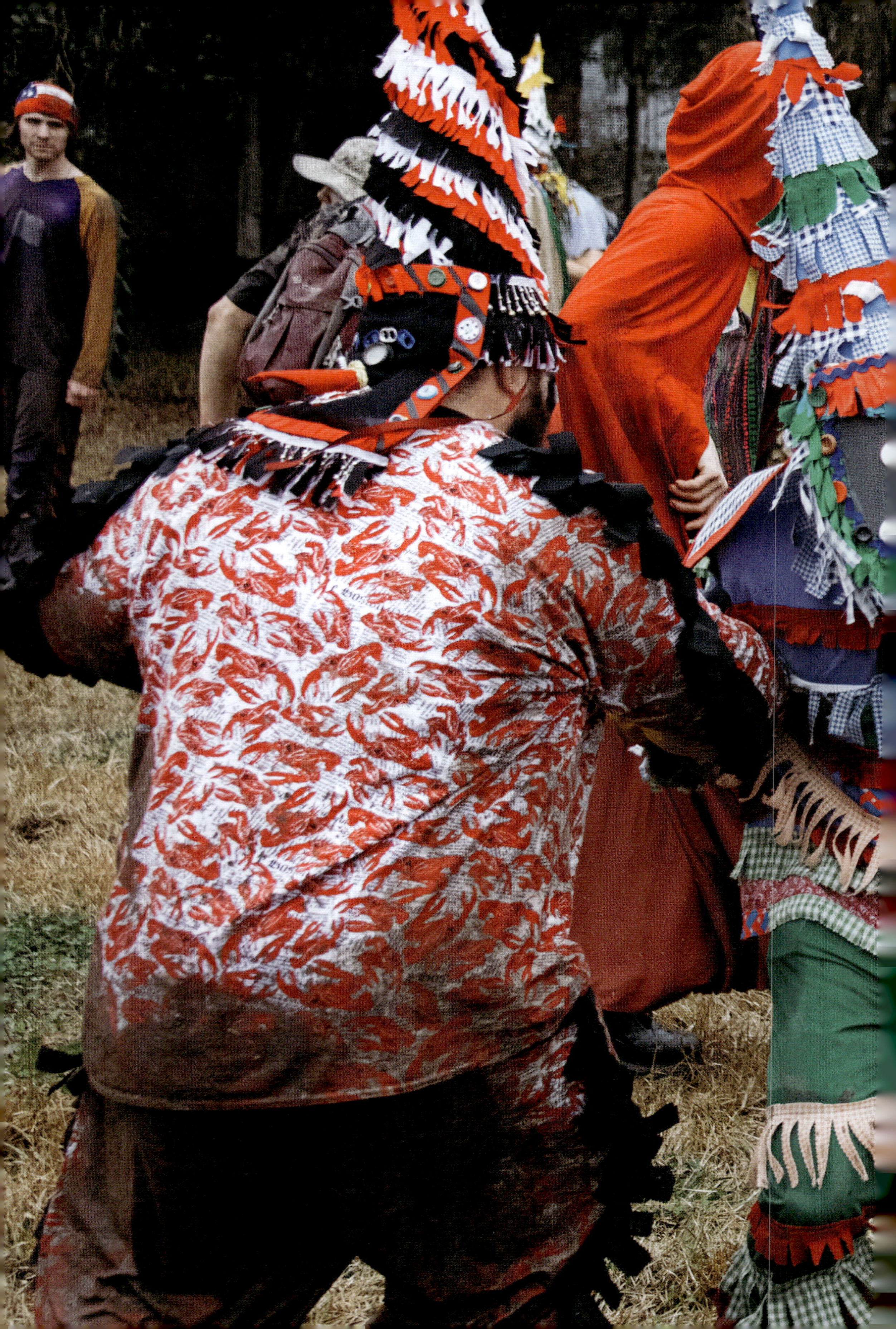

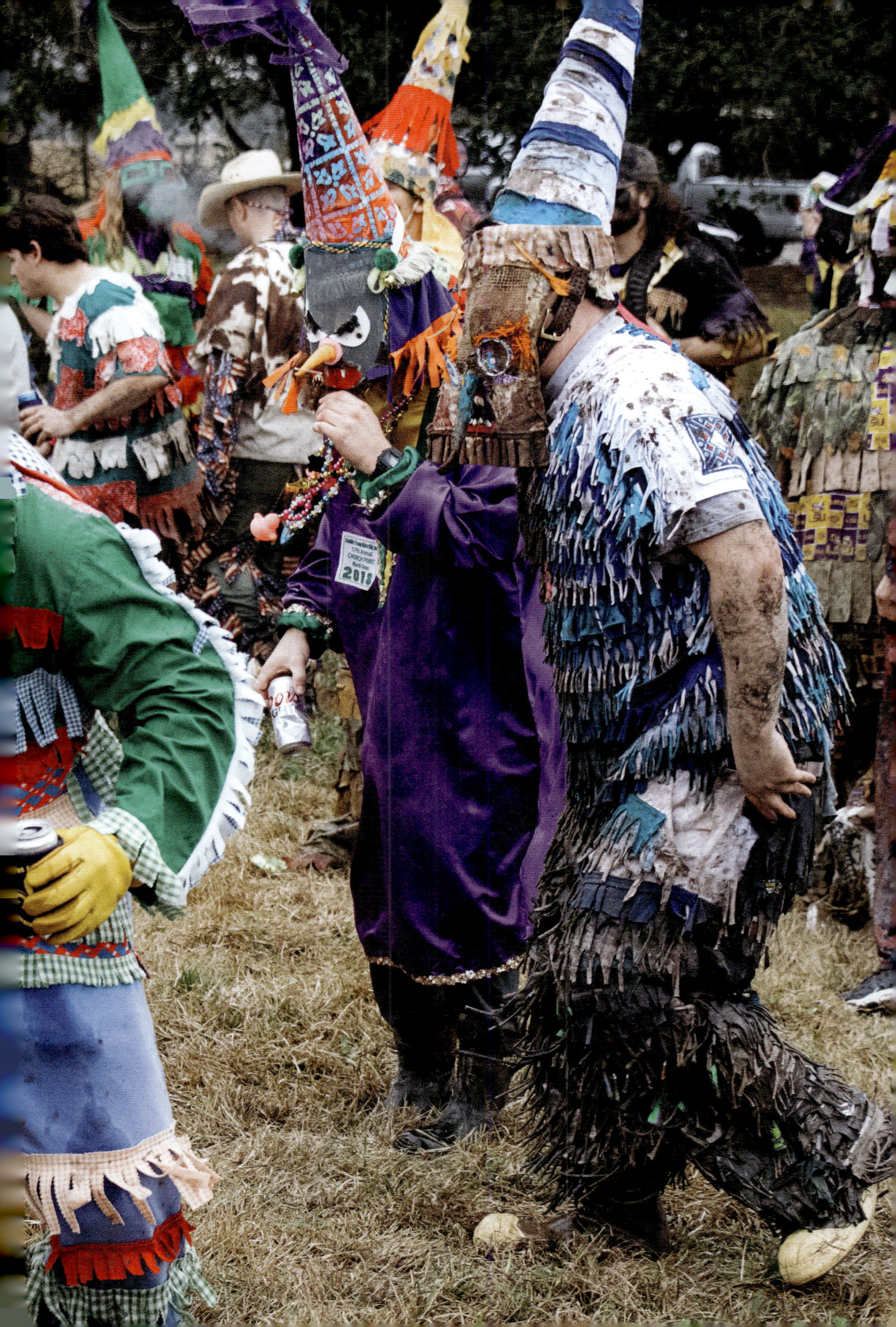
57th Annual
CHURCH POINT
Mardi Gras
2018

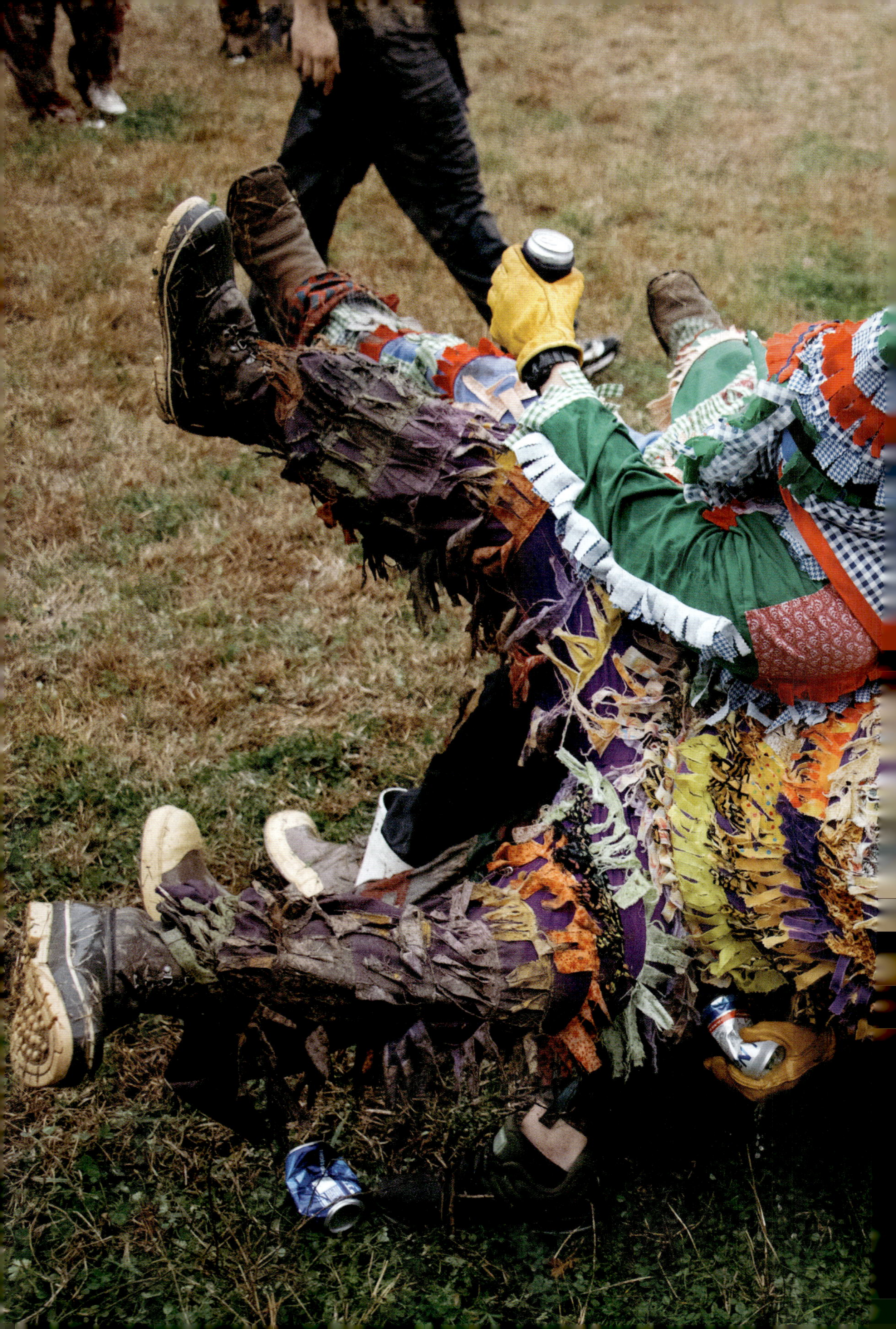

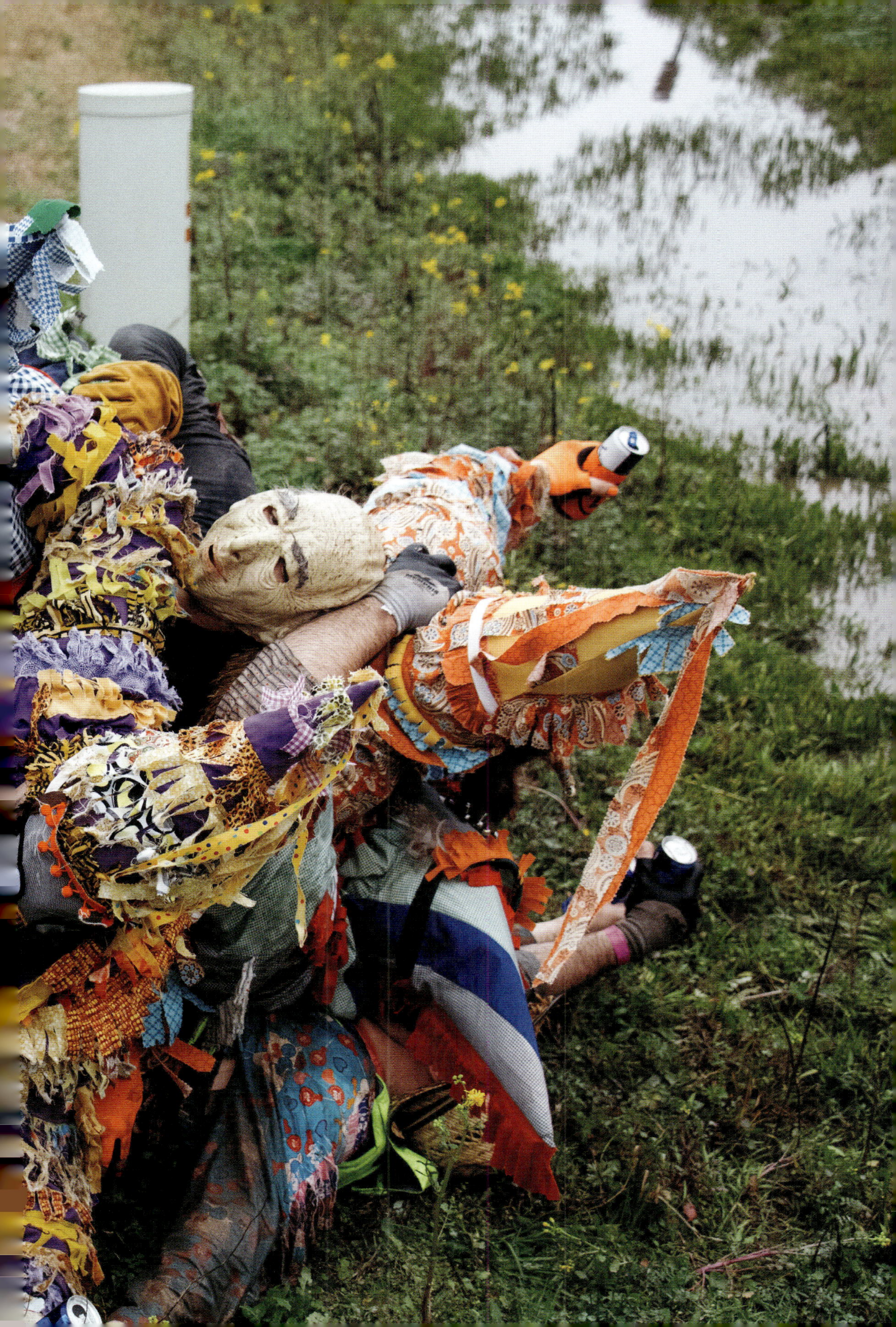

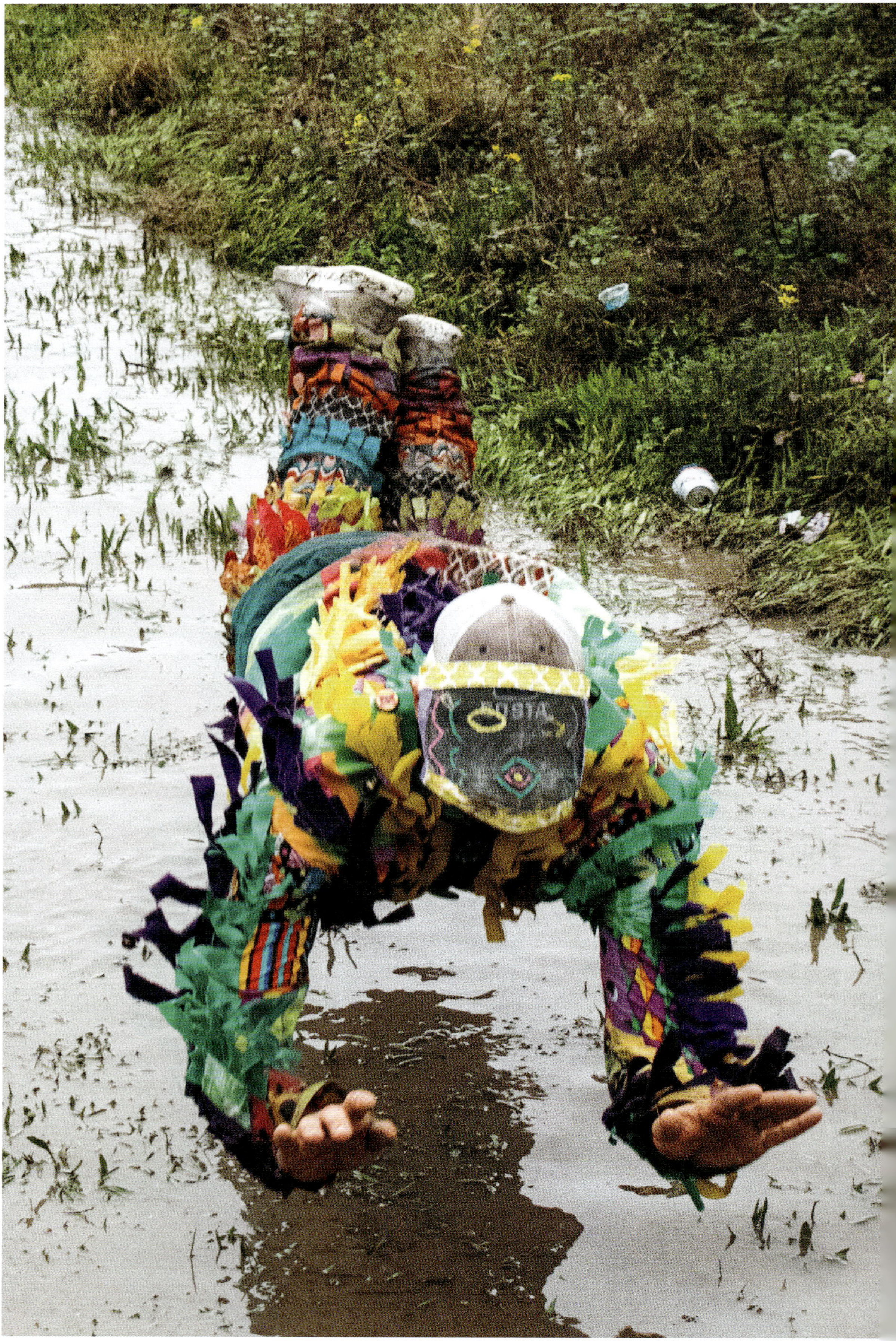

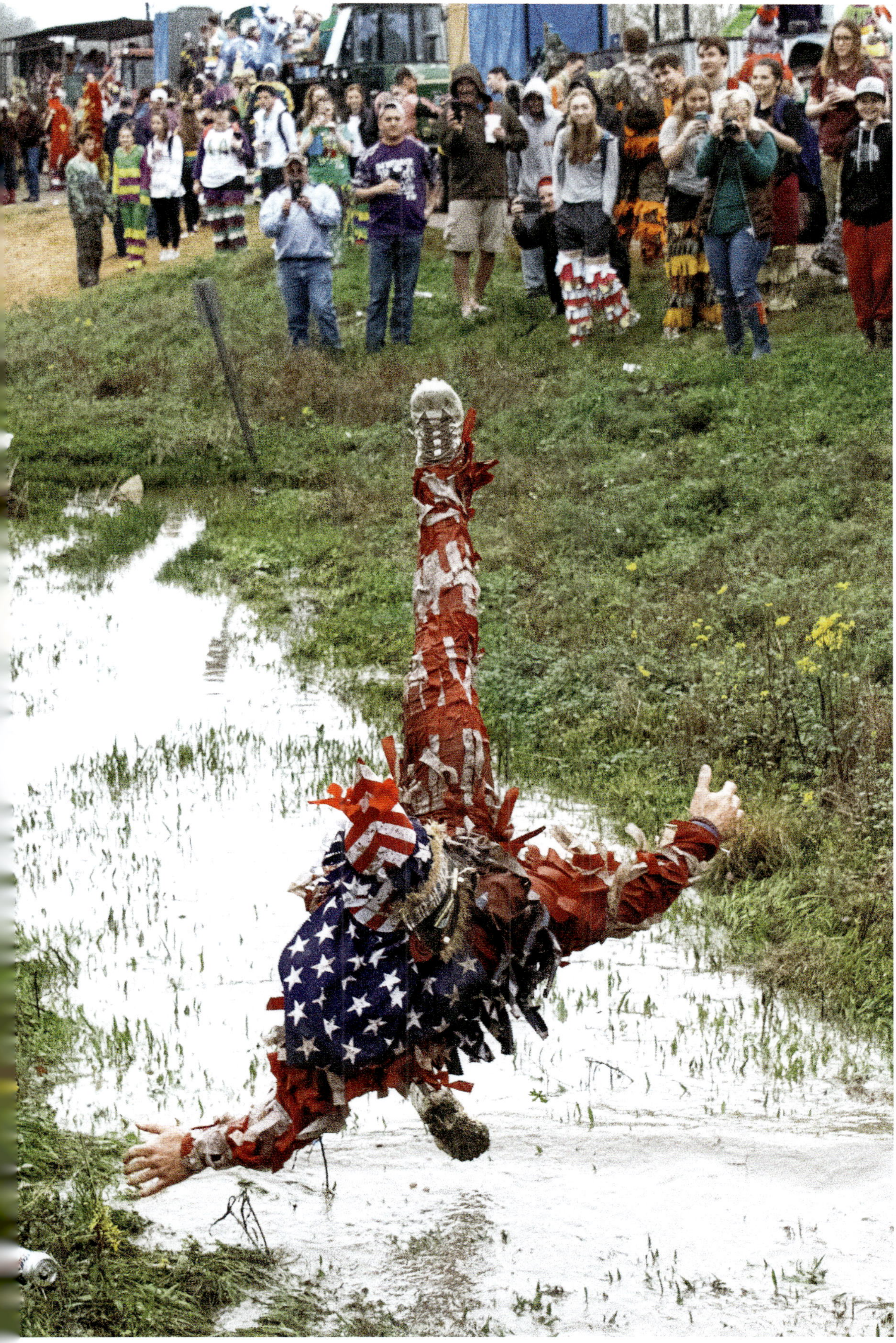

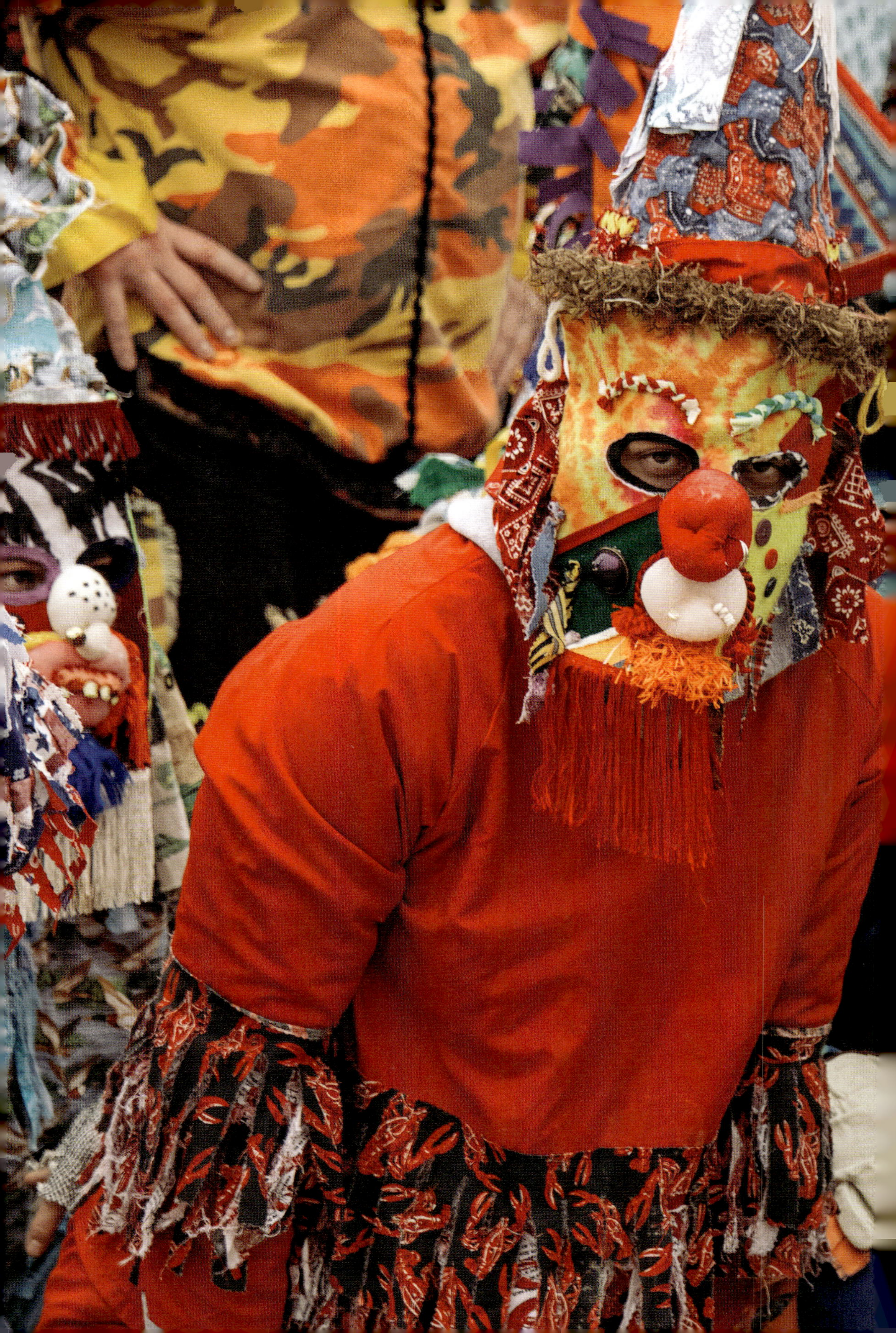

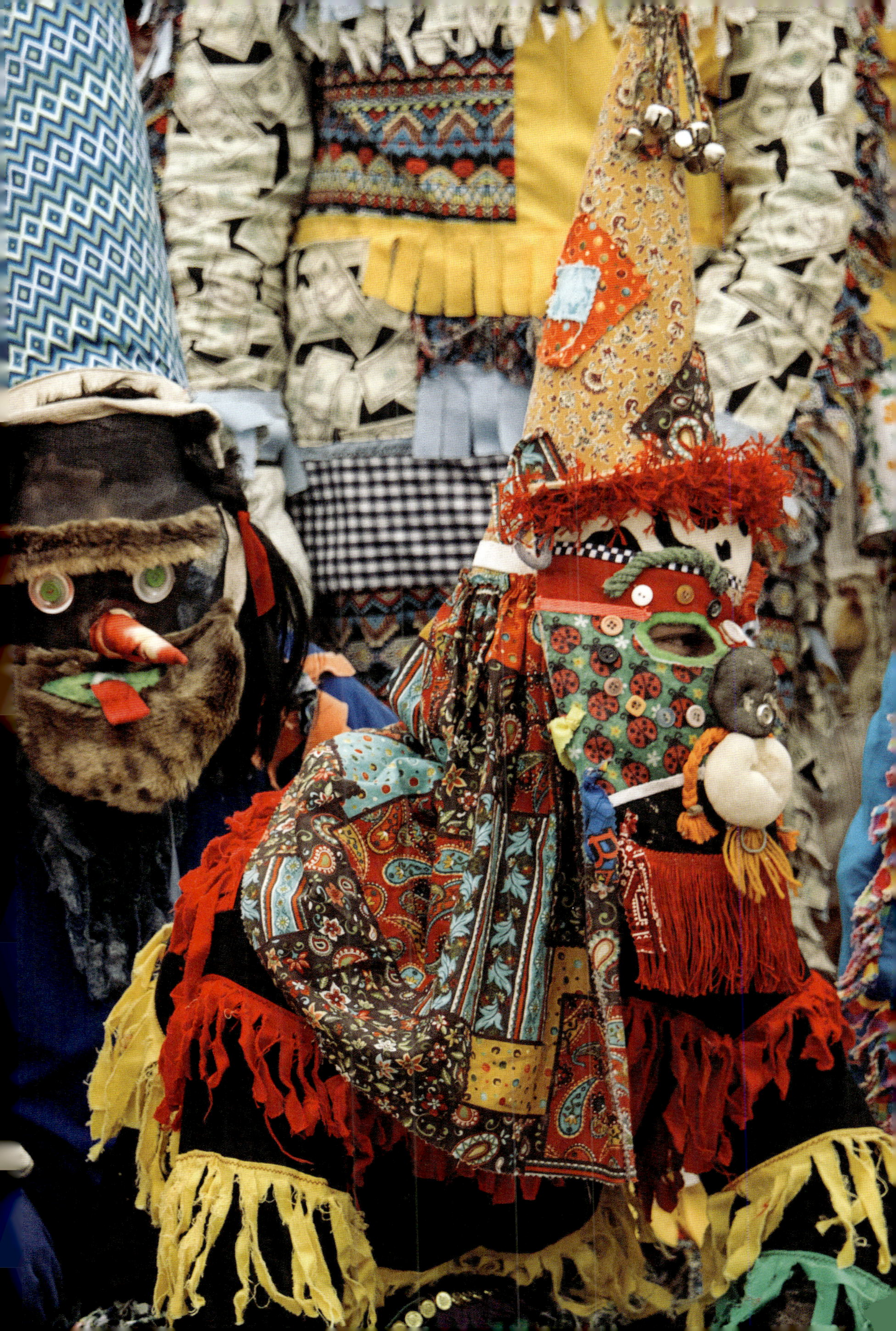

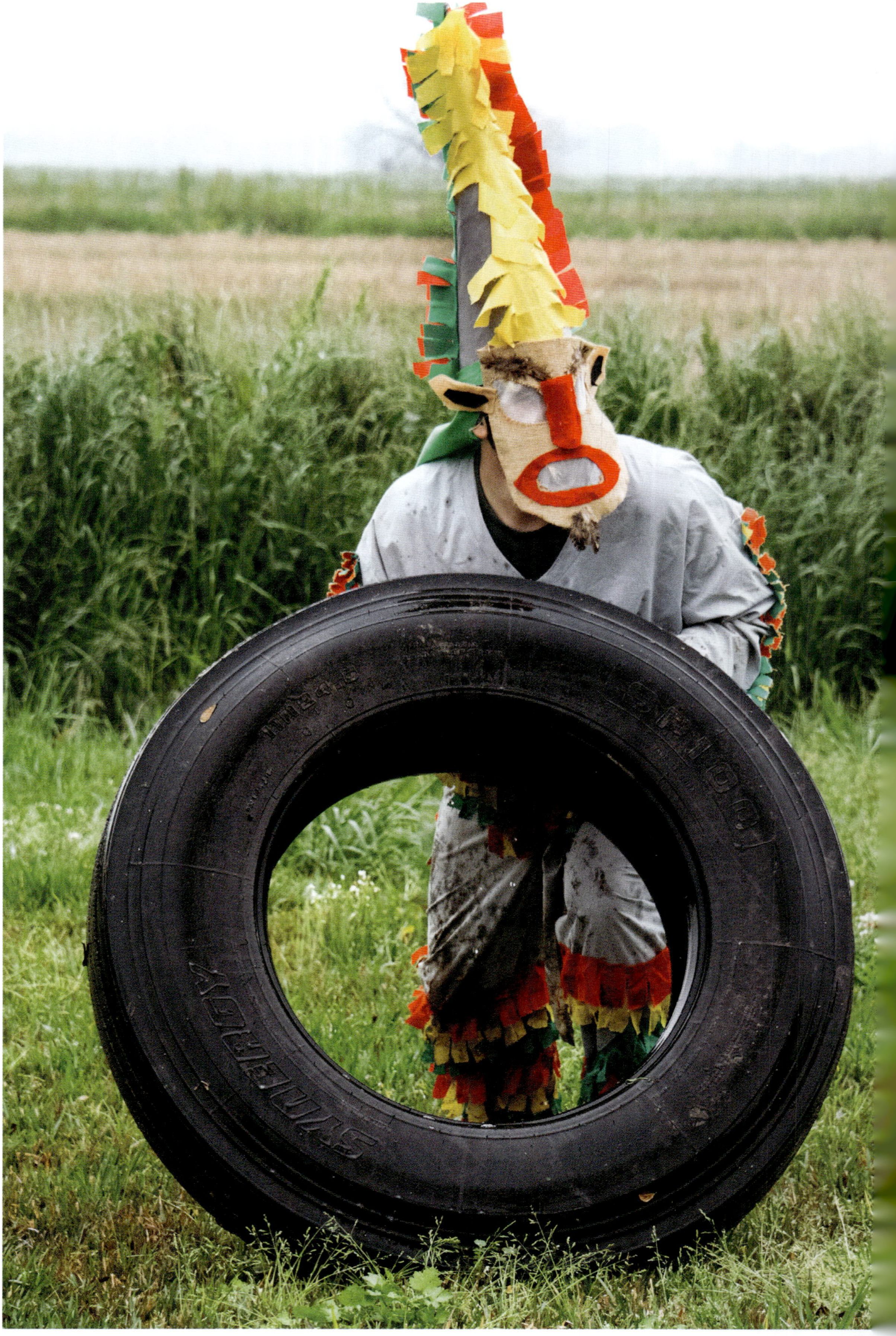

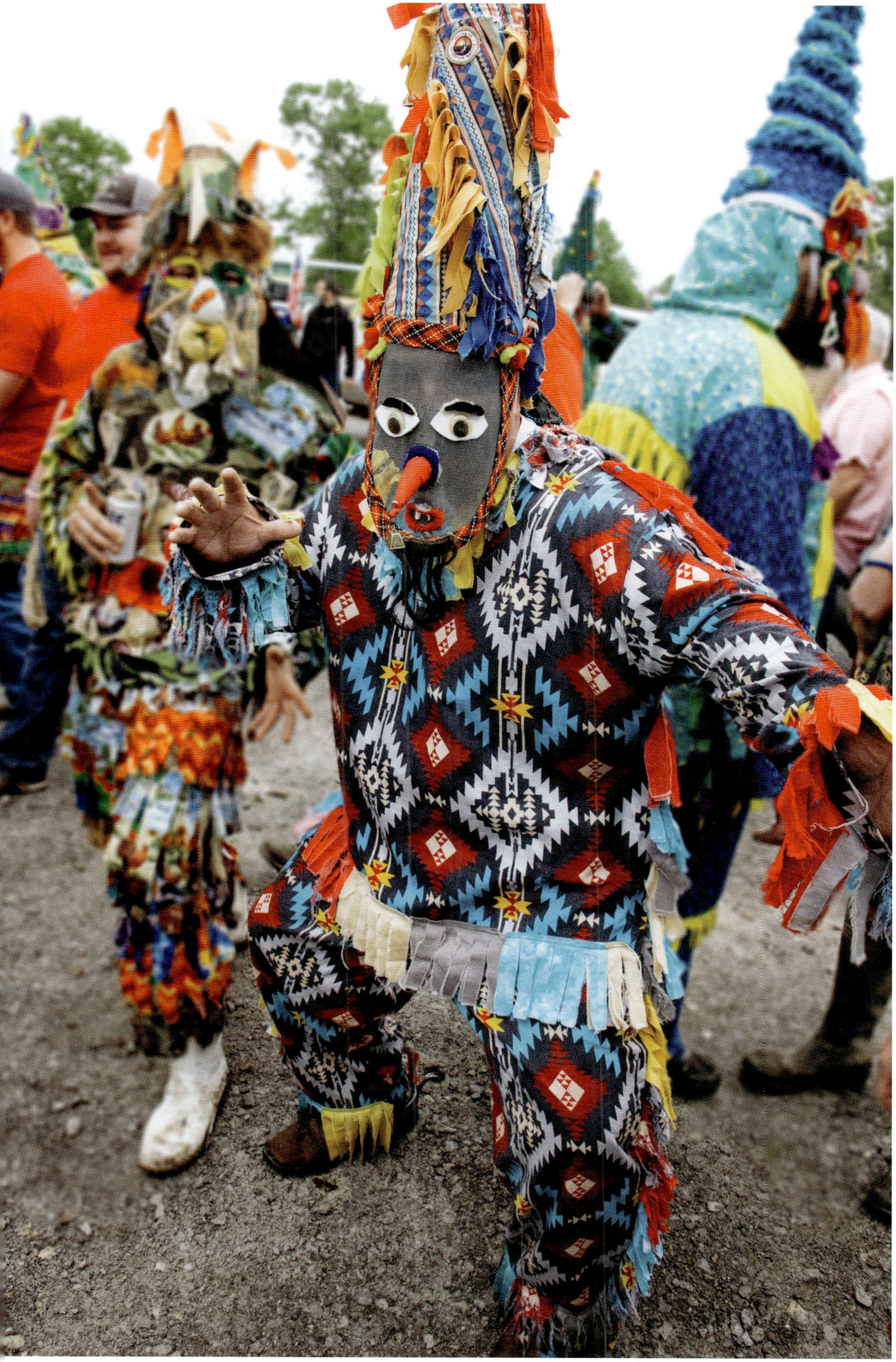

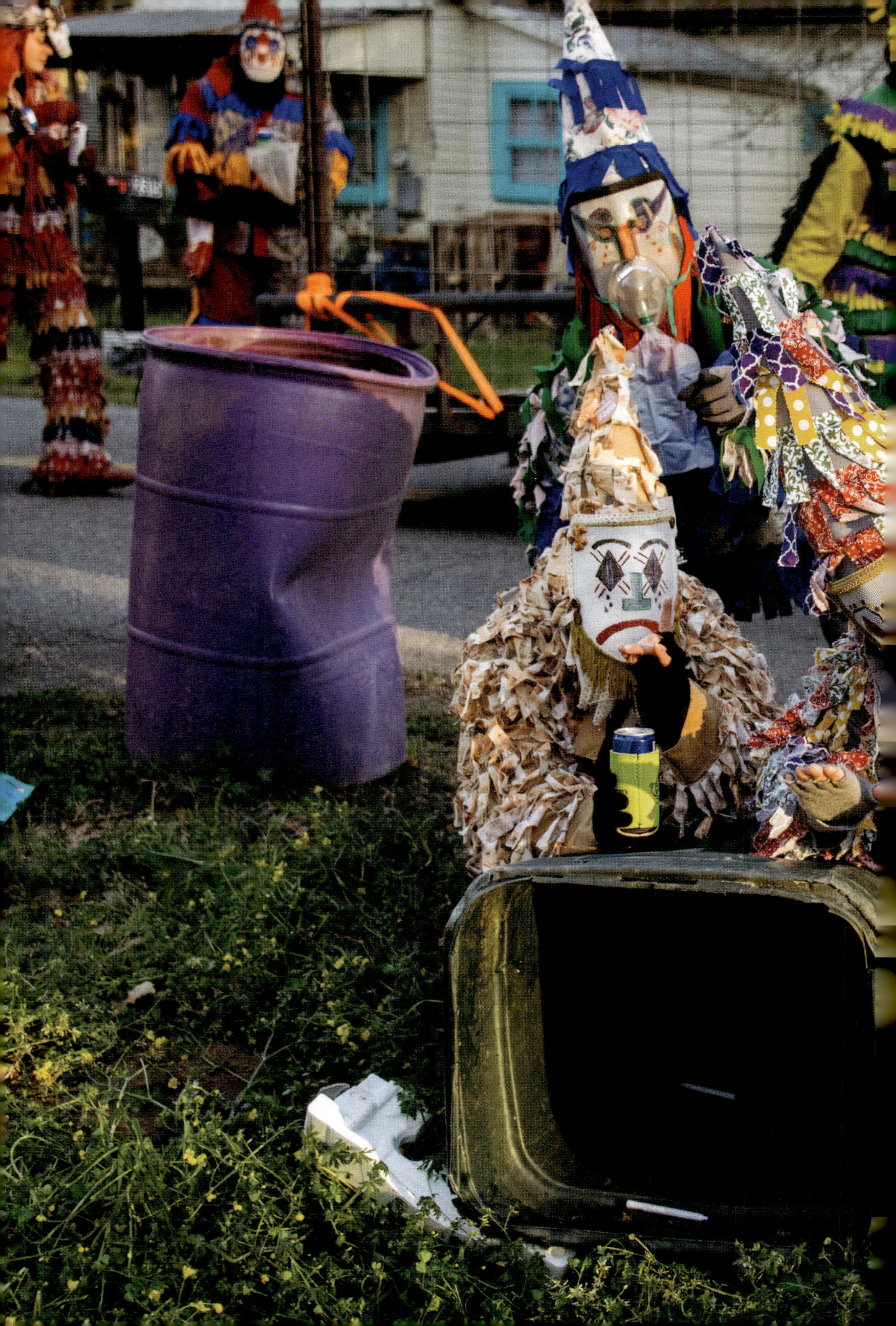

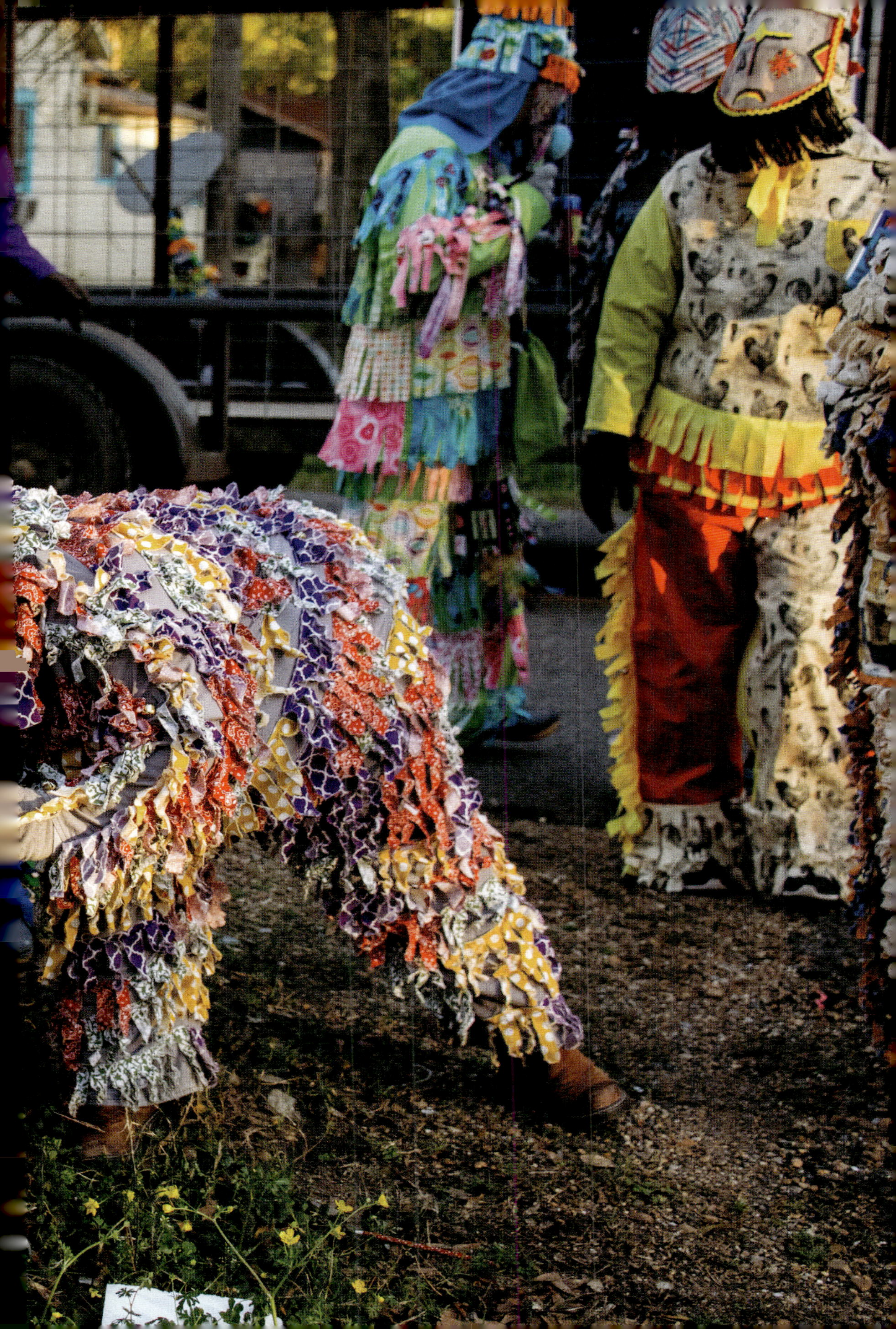

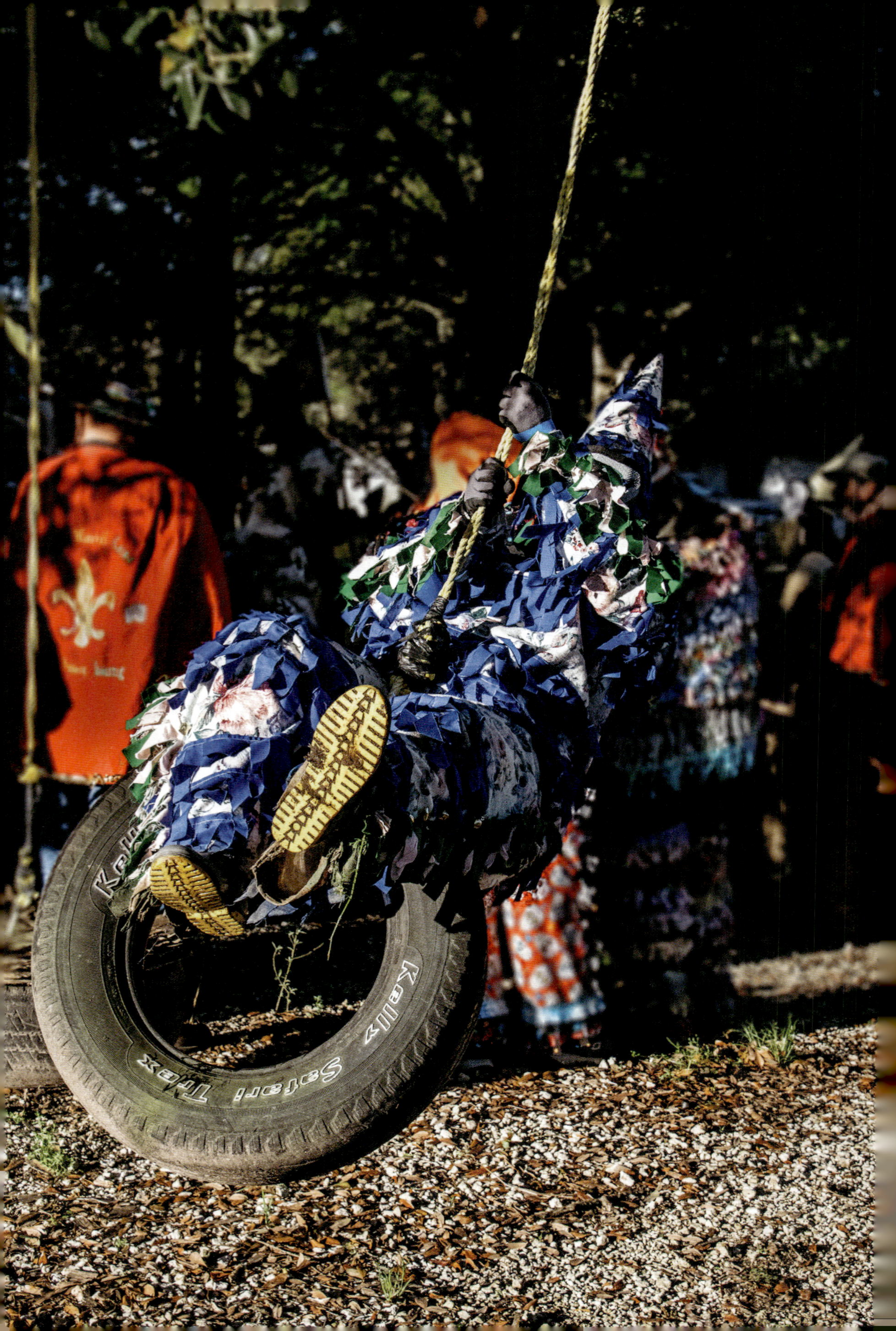
Kelly
Safari Trex

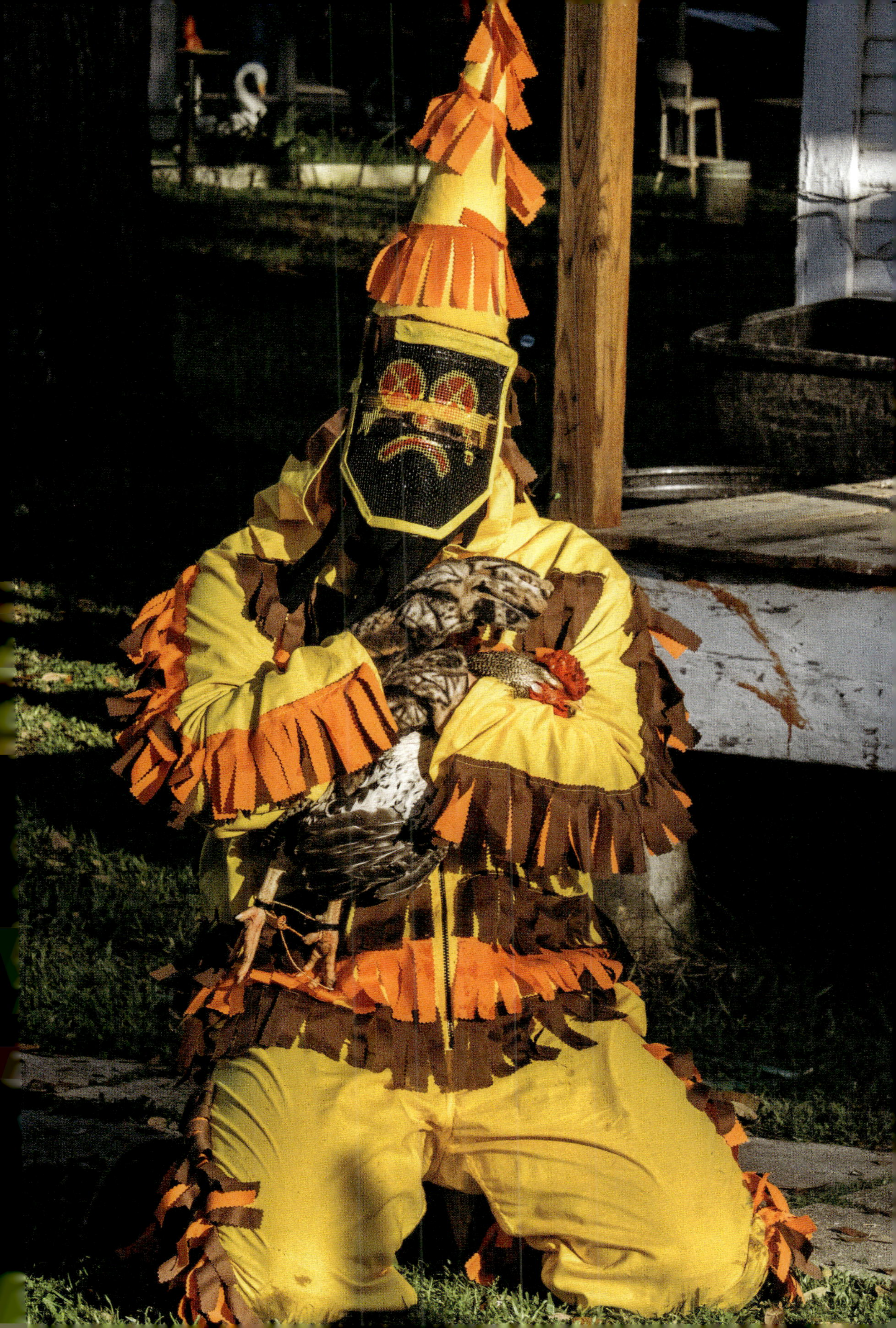

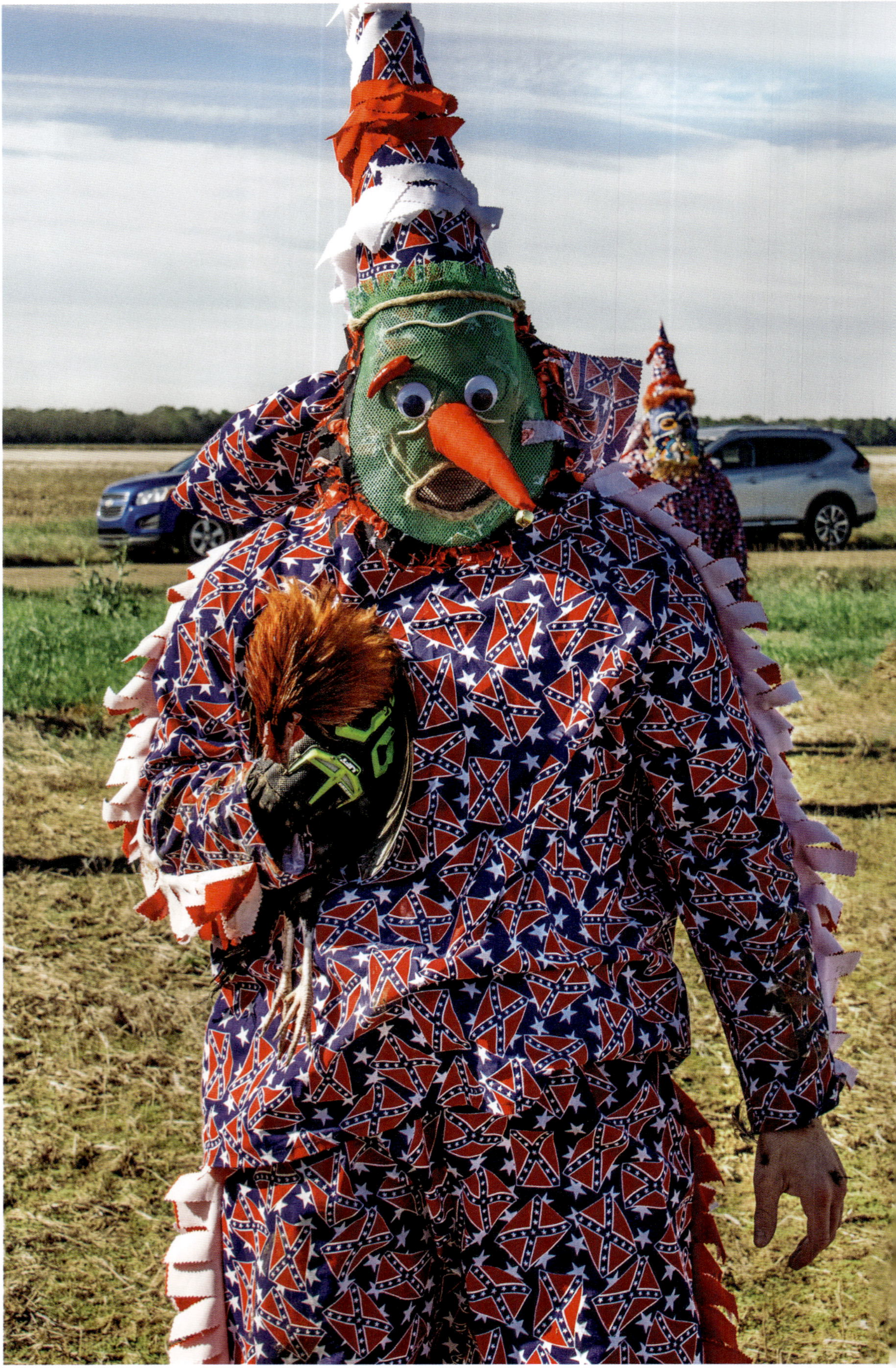

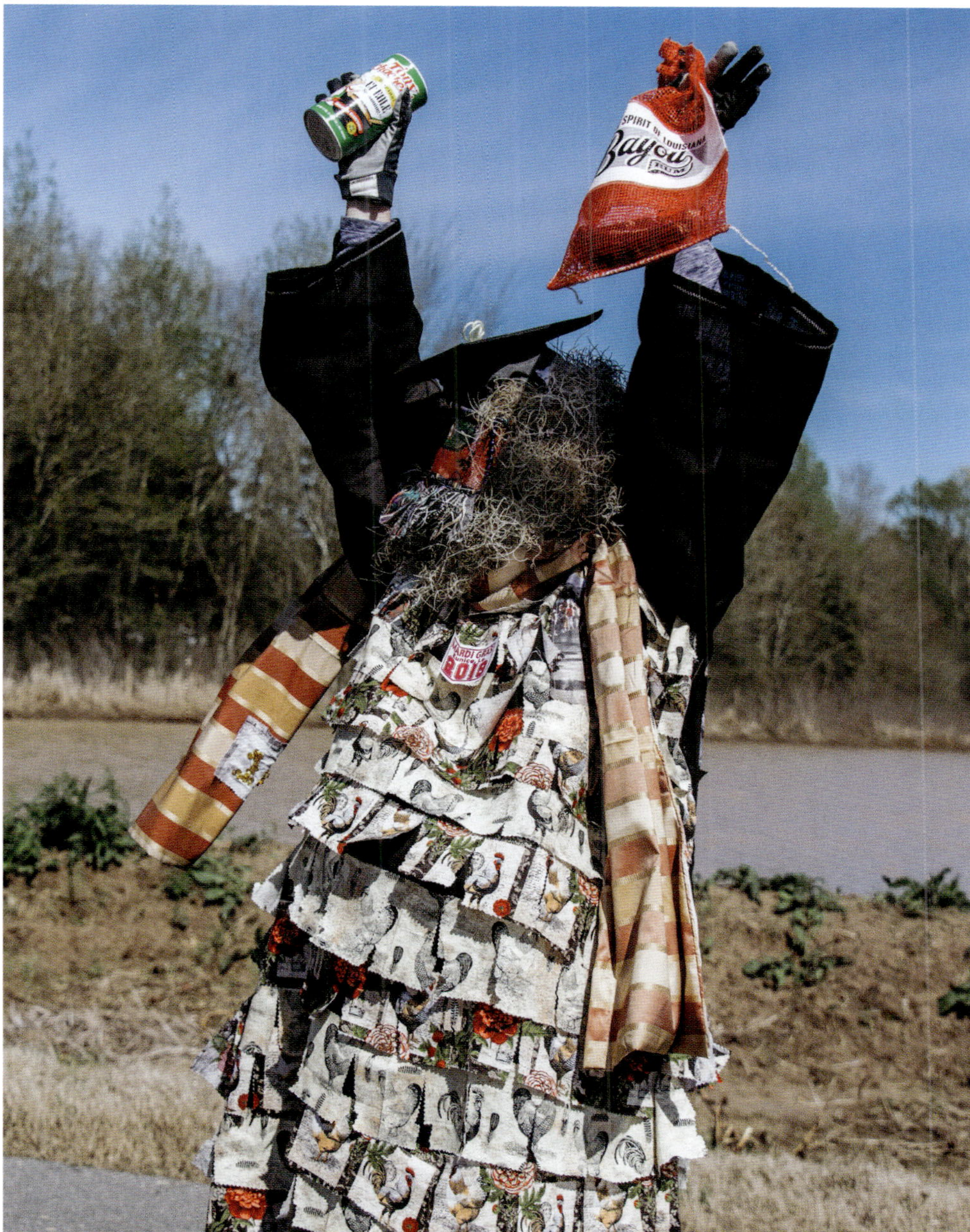
SPIRIT OF LOUISIANA
Bayou
2018

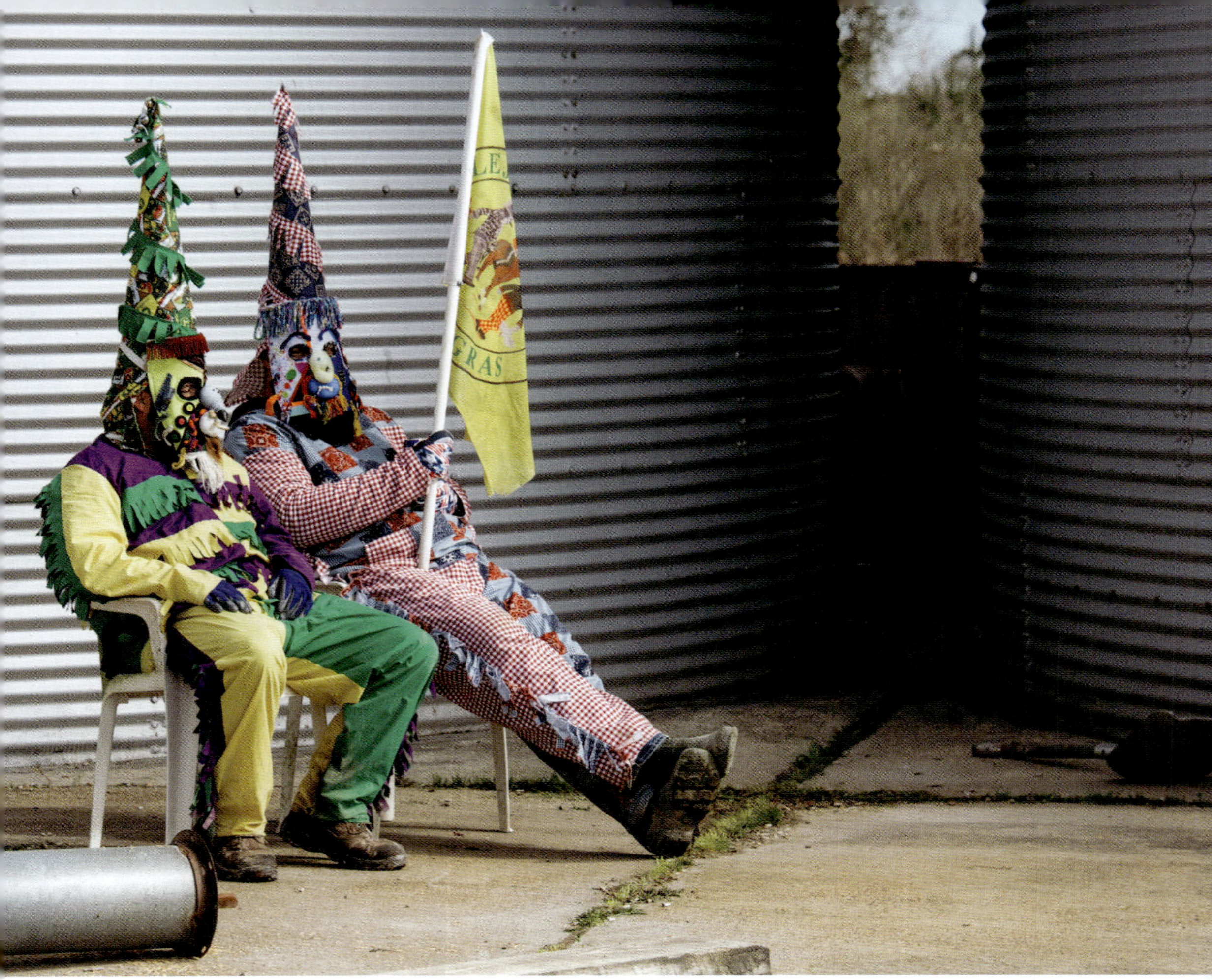
GRAS

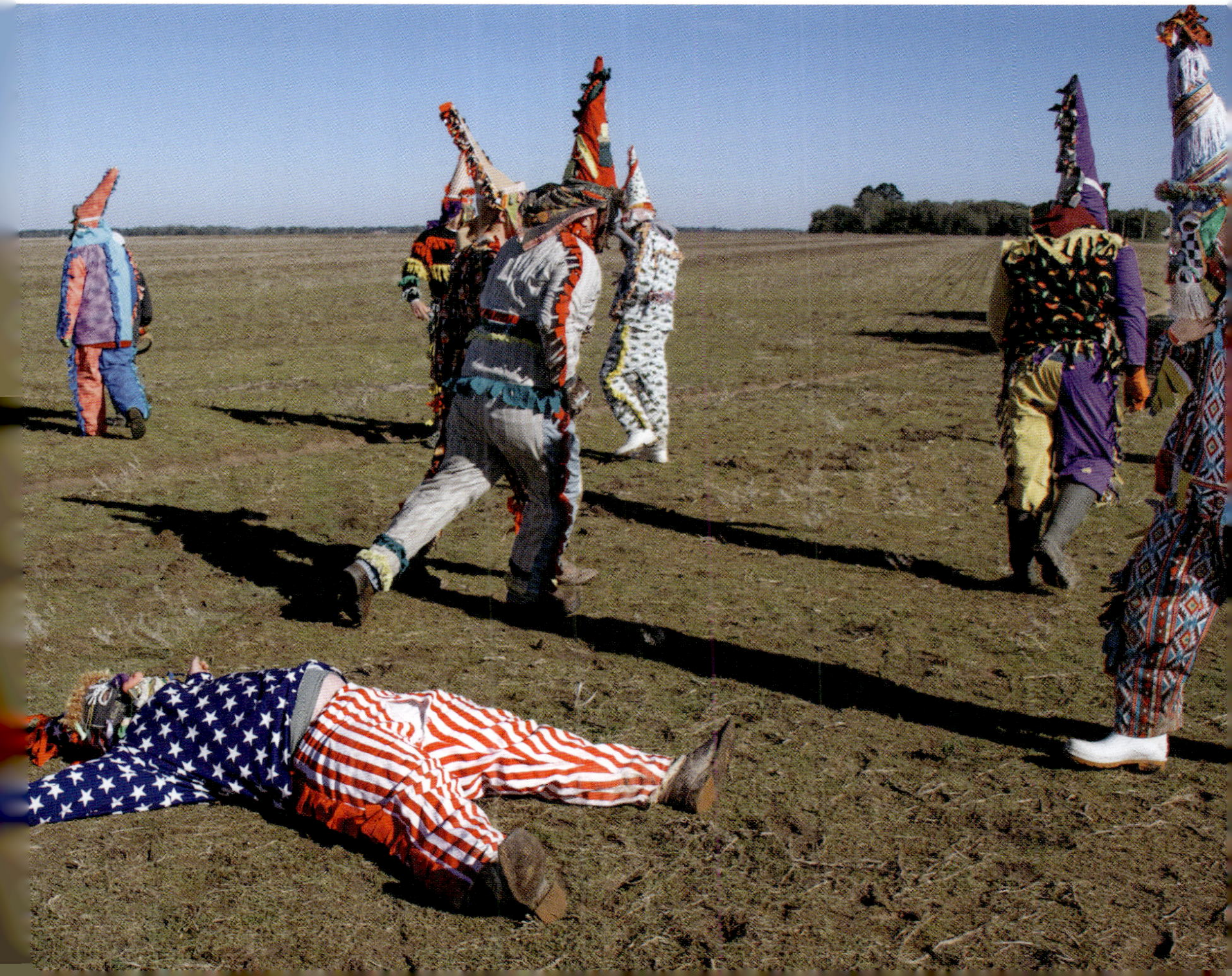

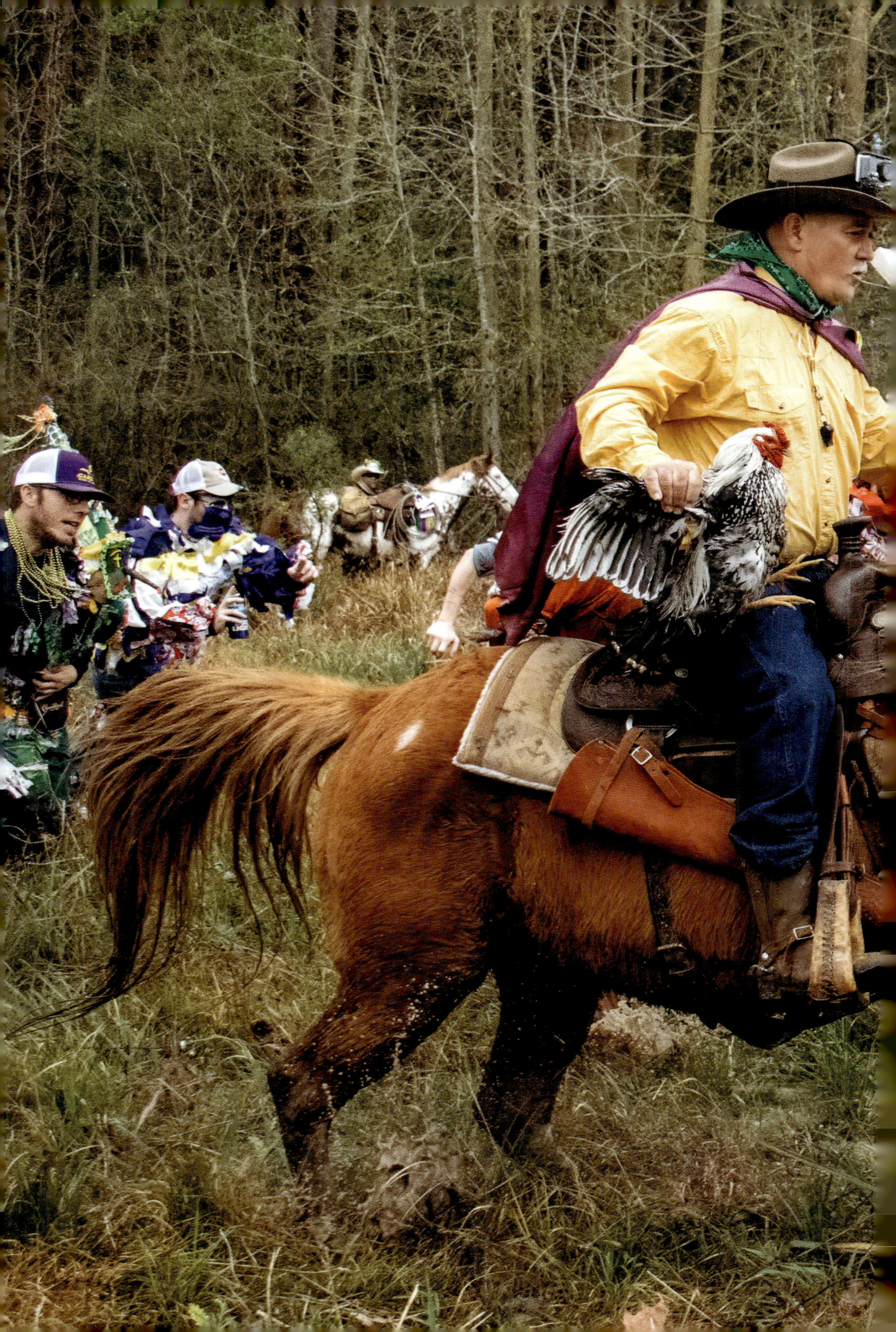

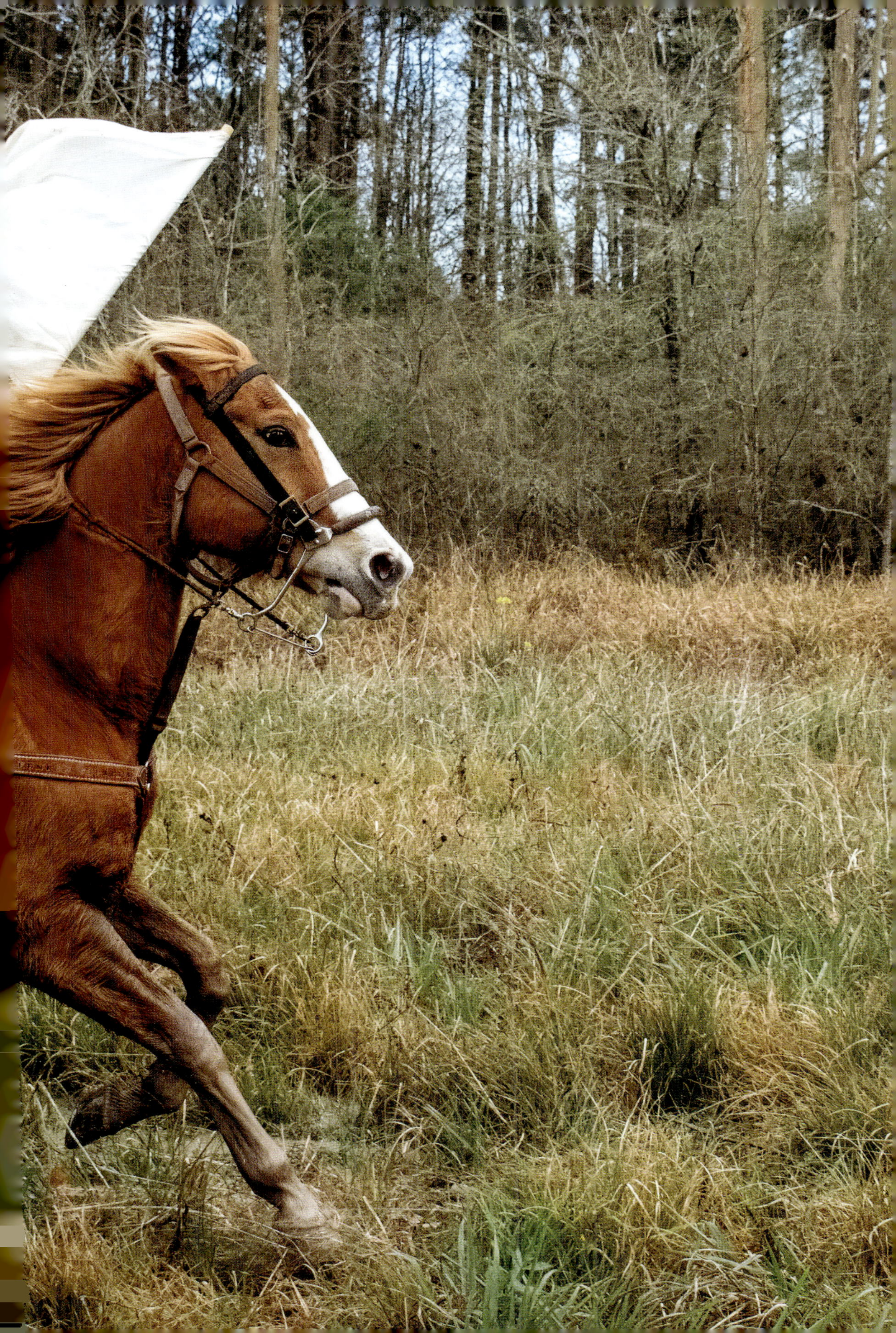

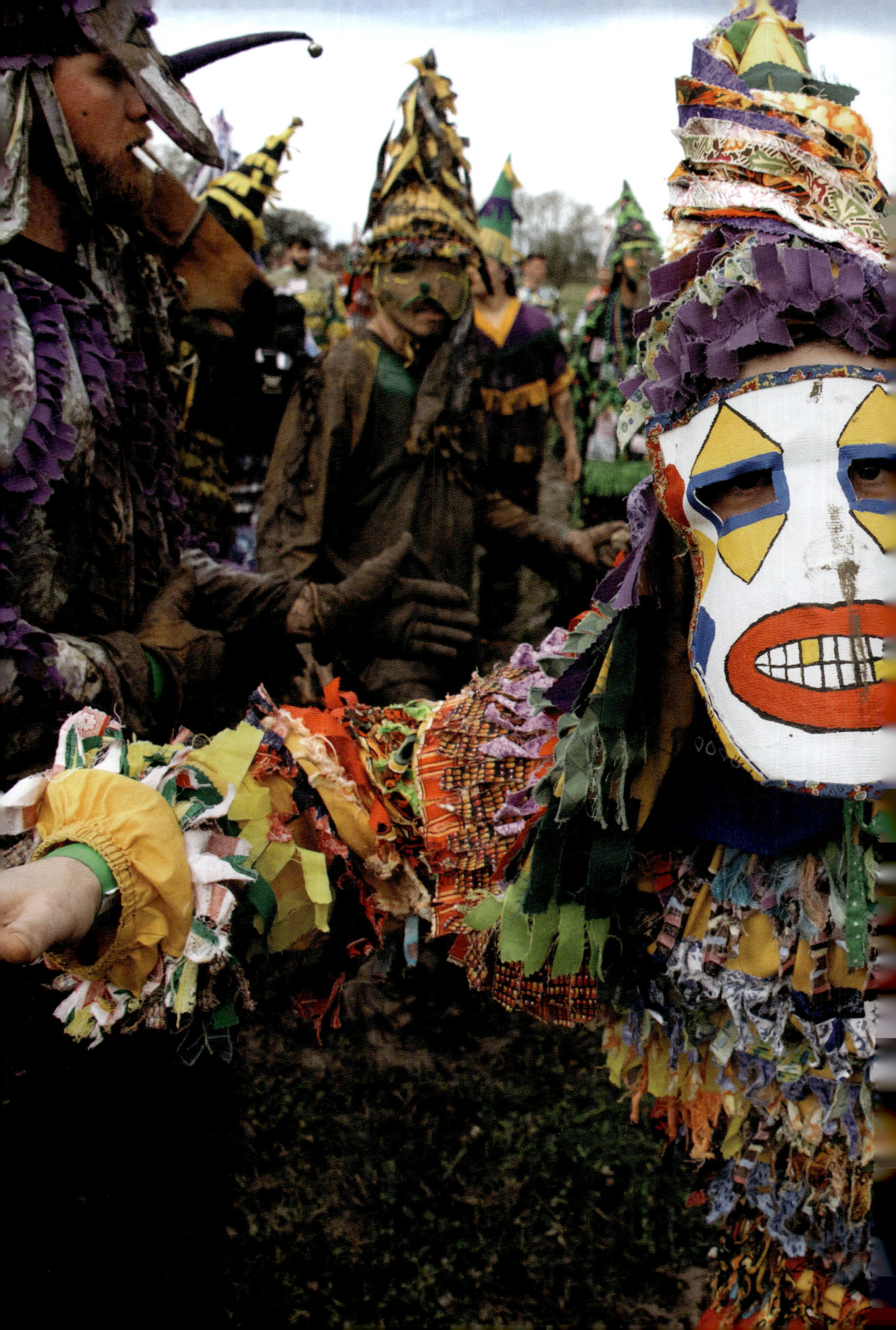

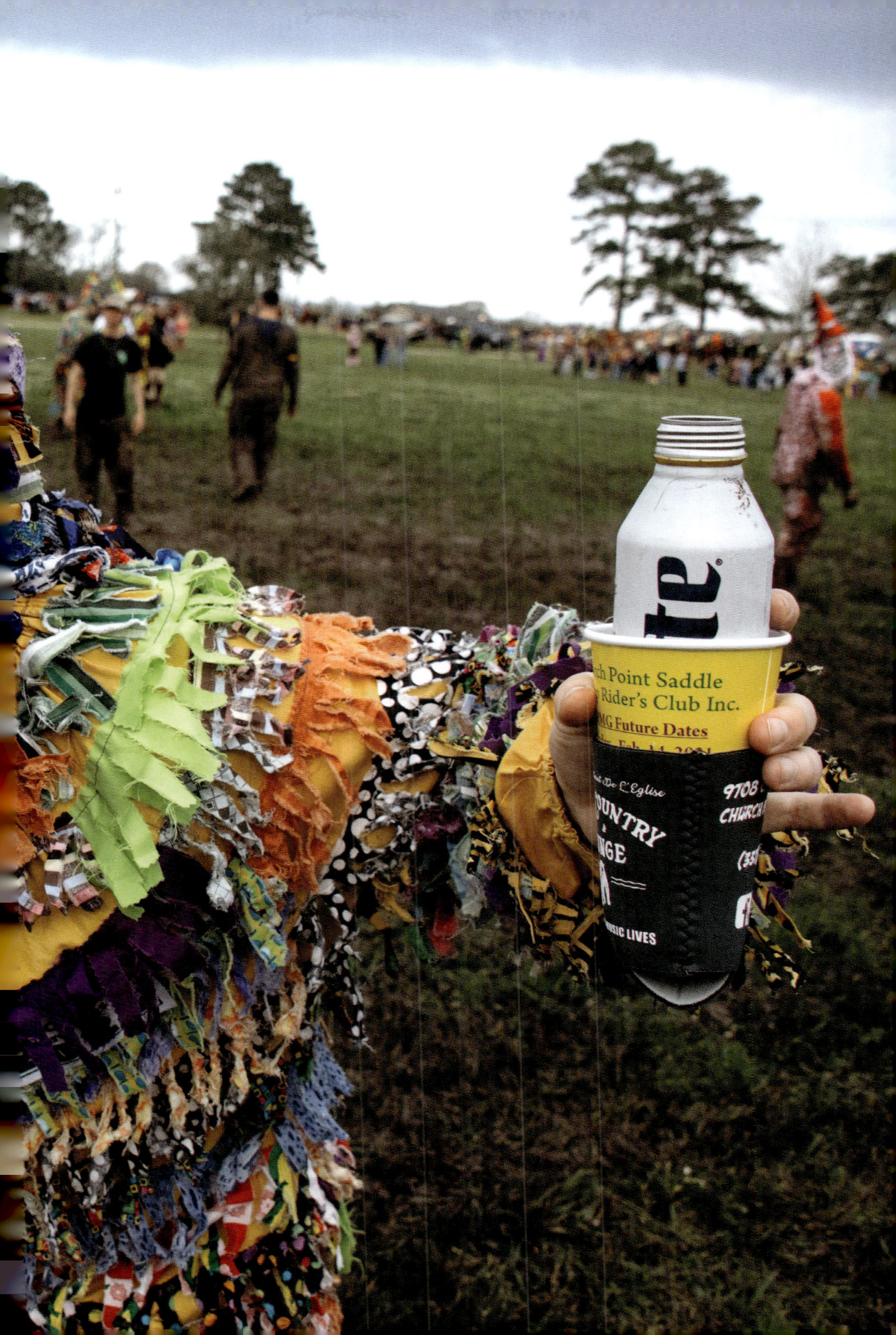
Point Saddle
Rider's Club Inc.
Future Dates
9708

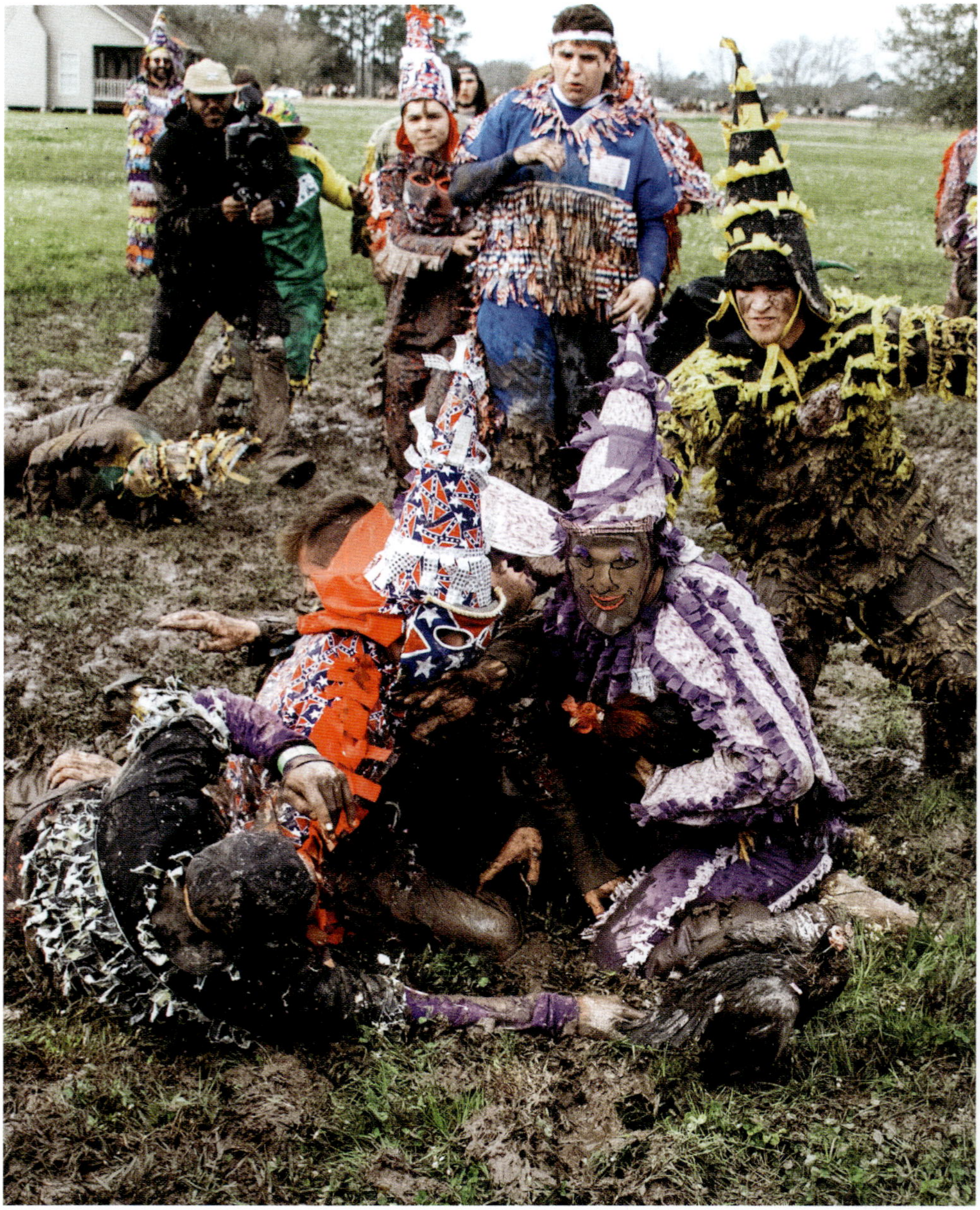

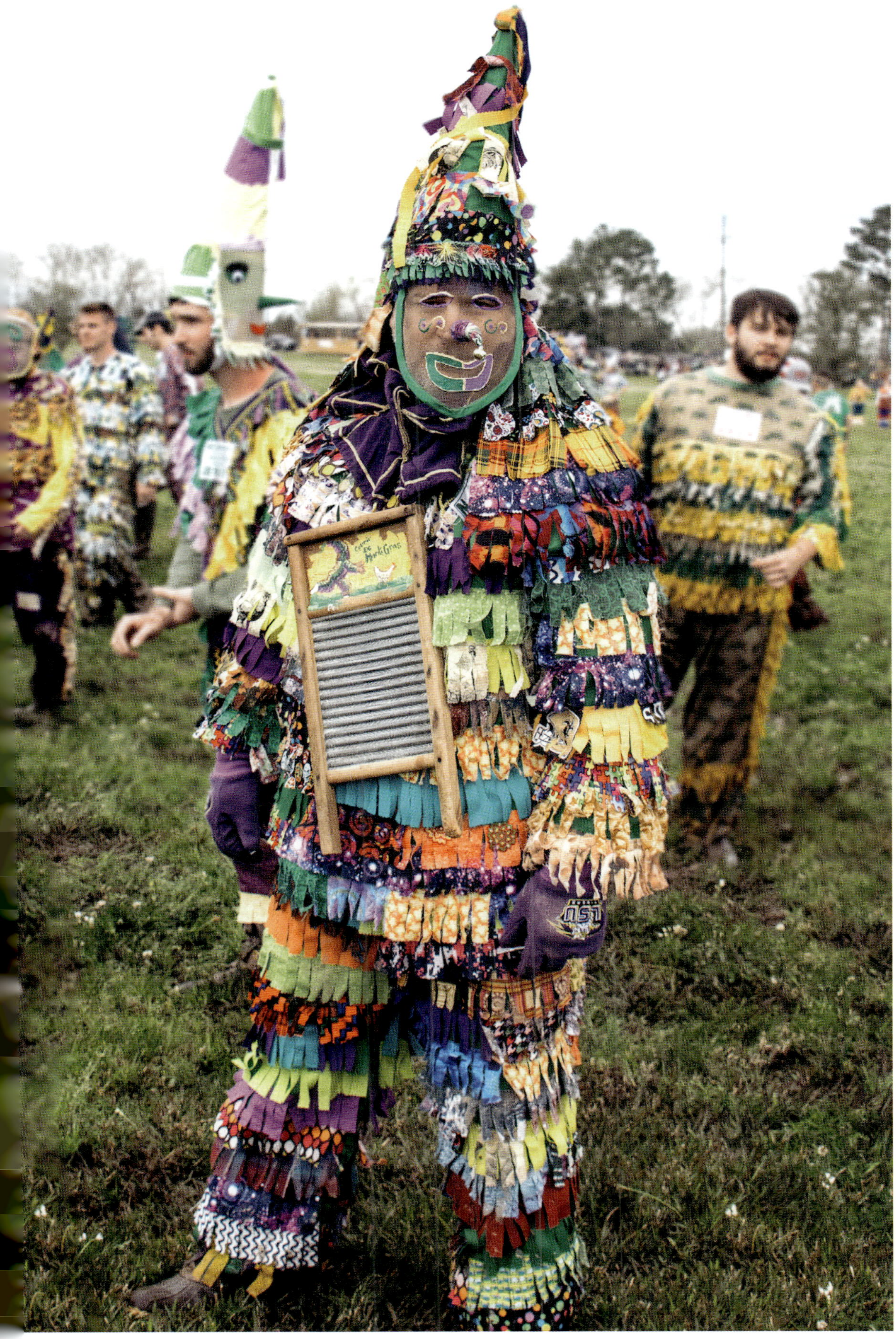
Courir De Mardi Gras

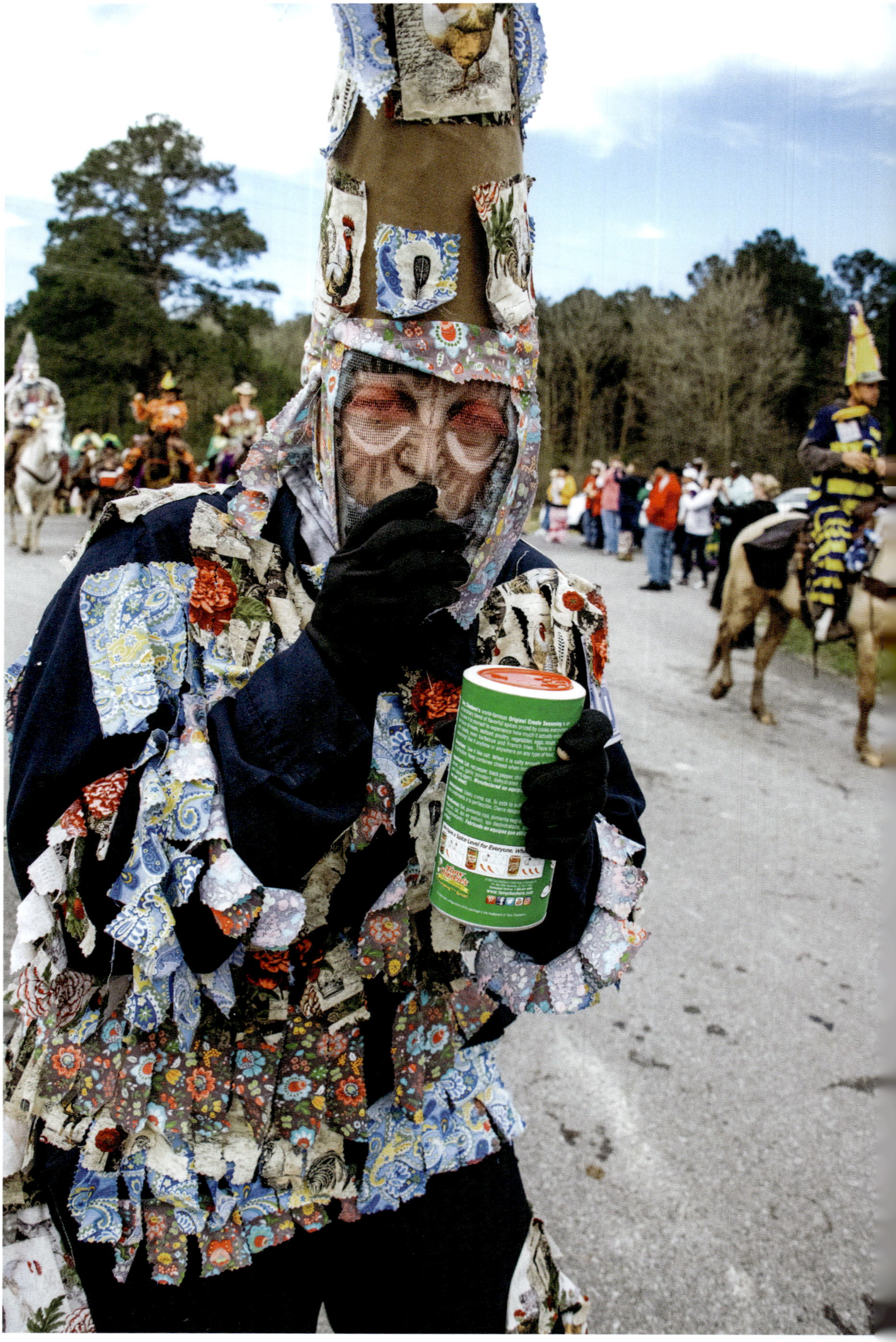

Original Creole Seasoning
Tony Chachere's
www.tonychachere.com

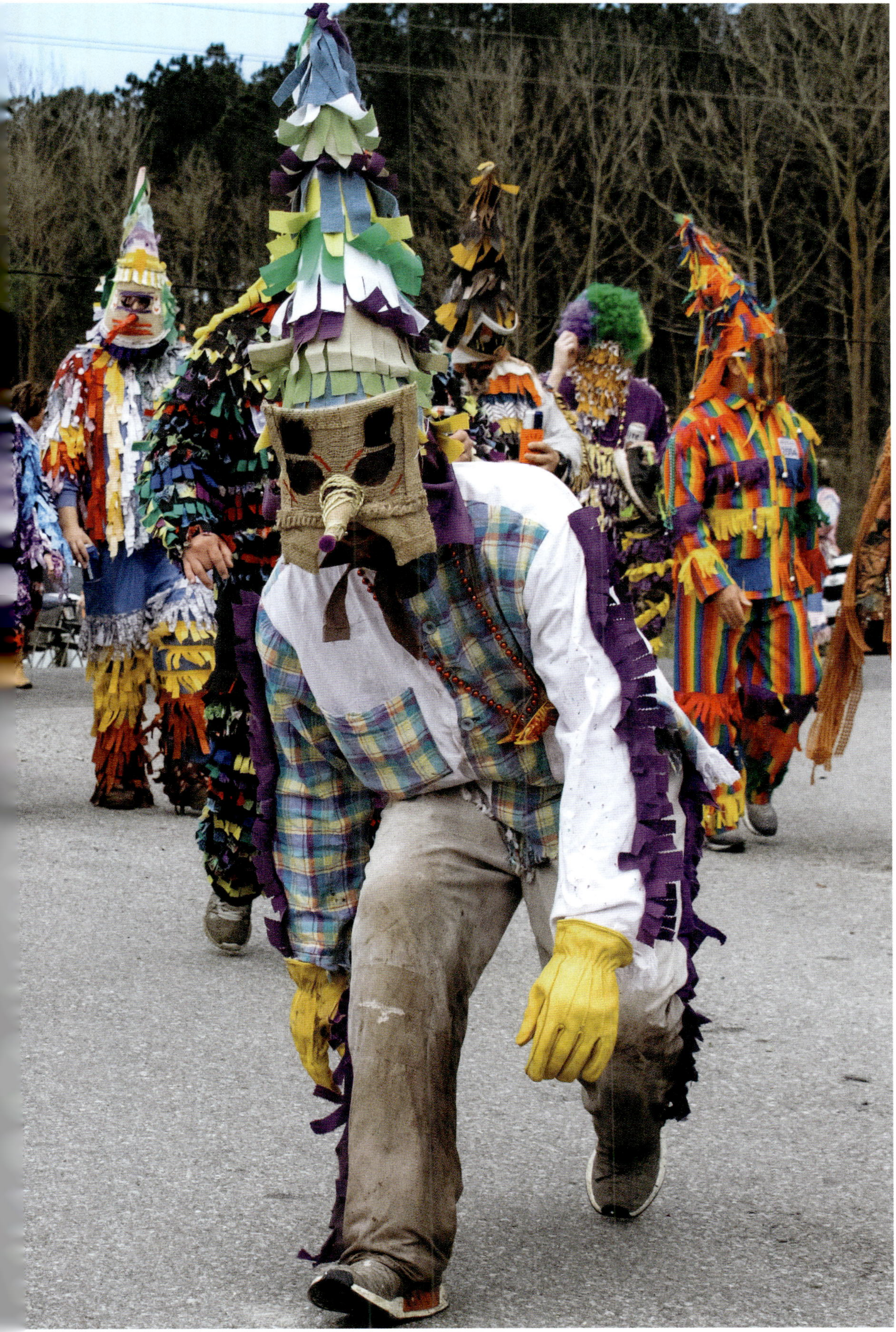

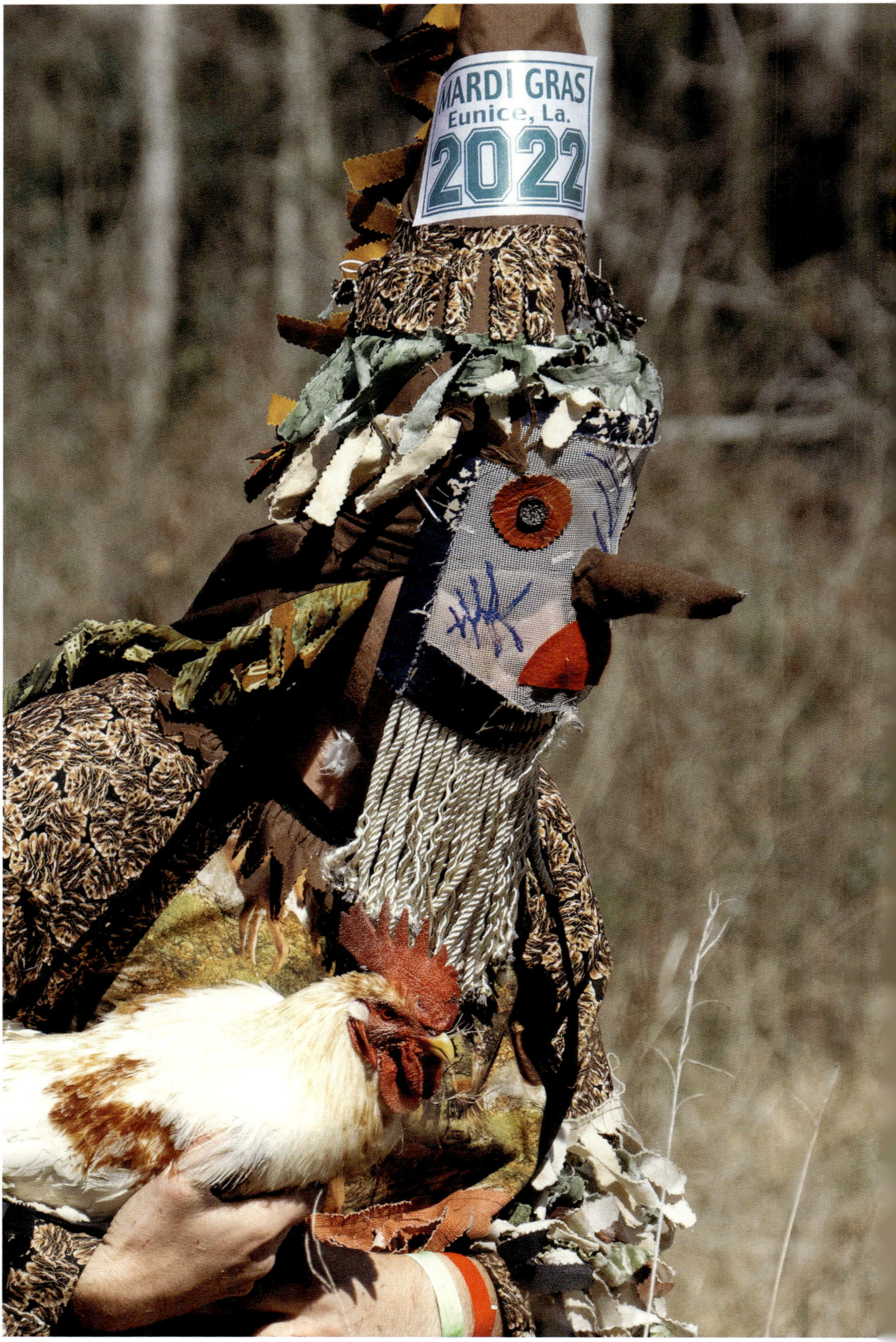
MARDI GRAS
Eunice, La.
2022

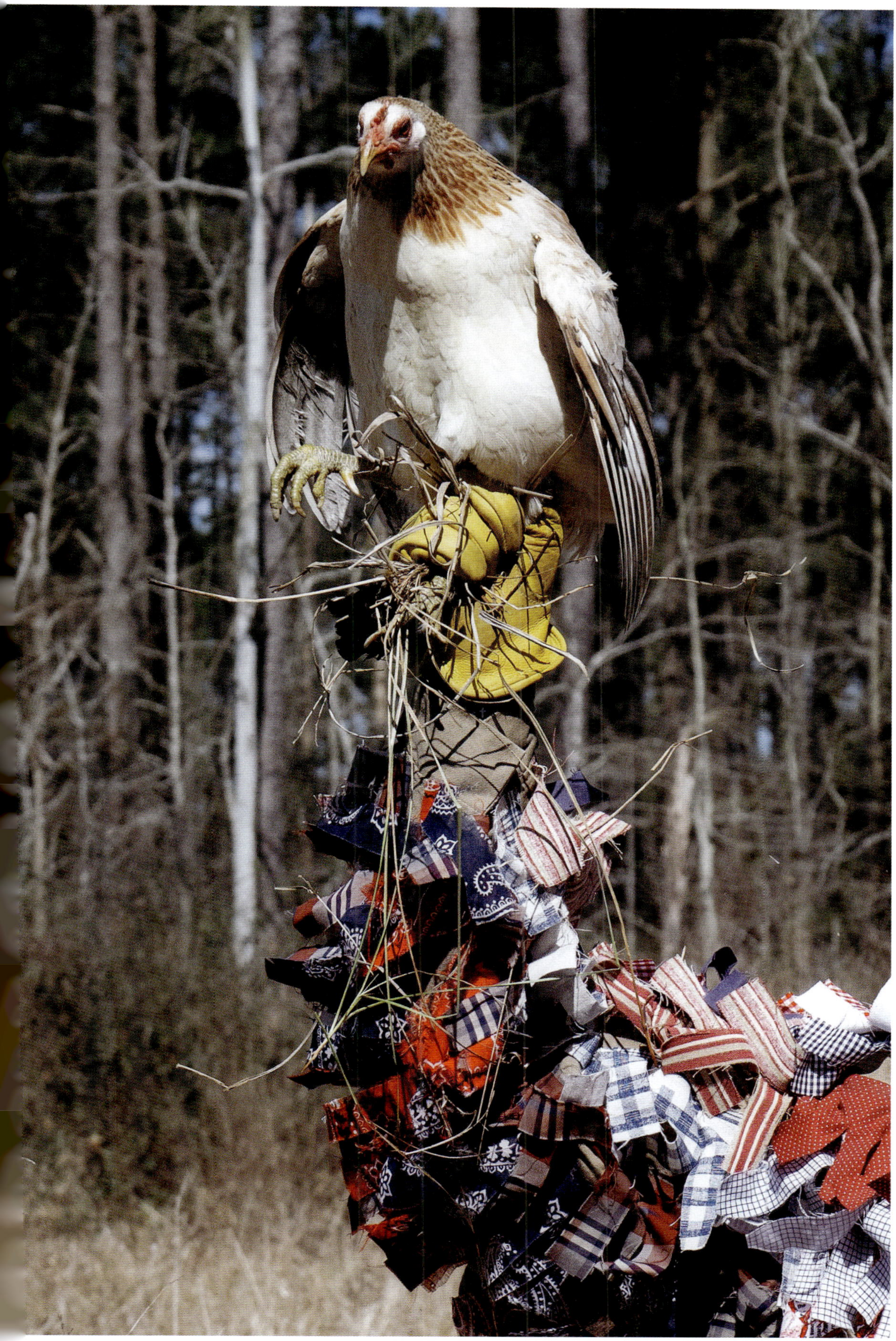

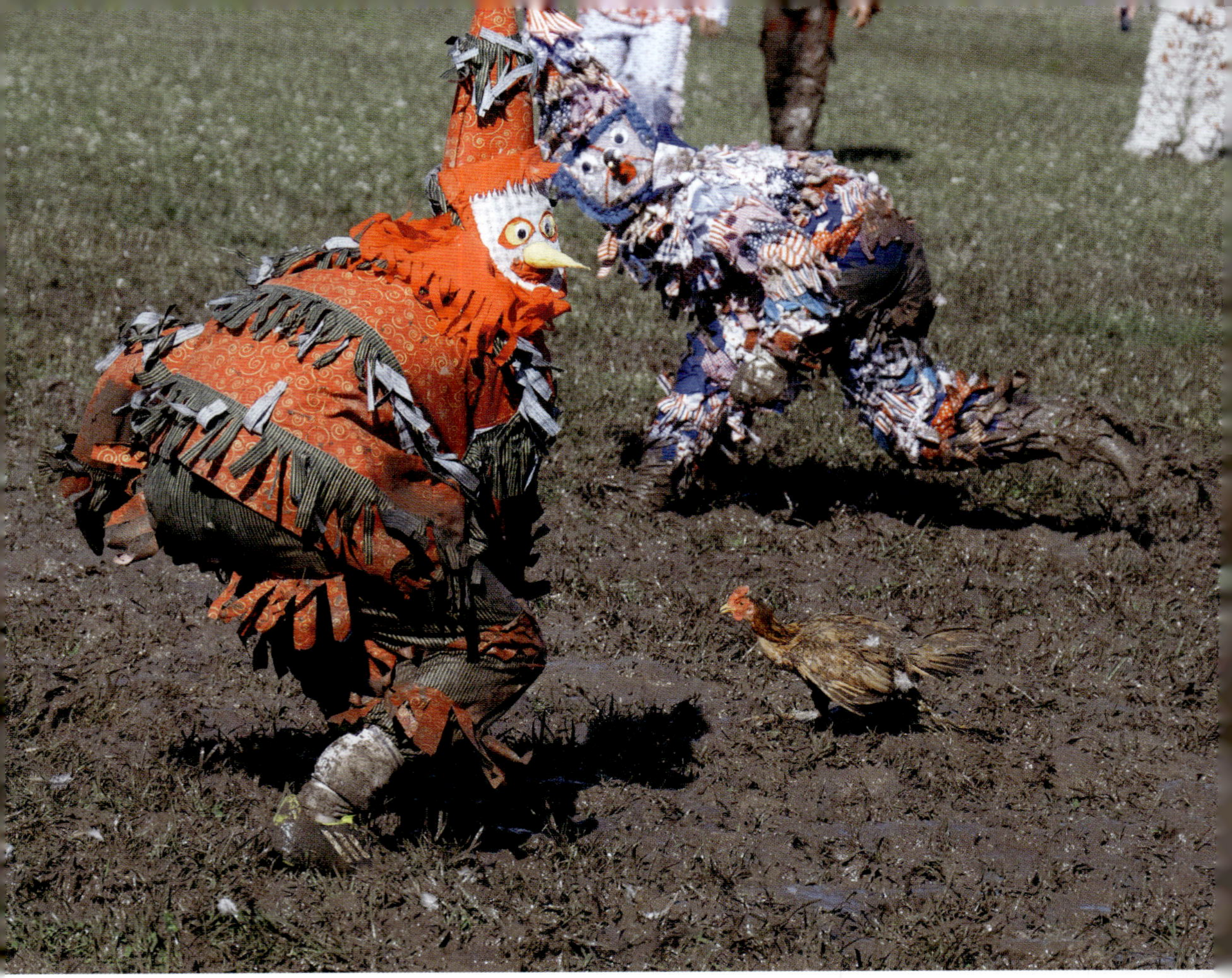

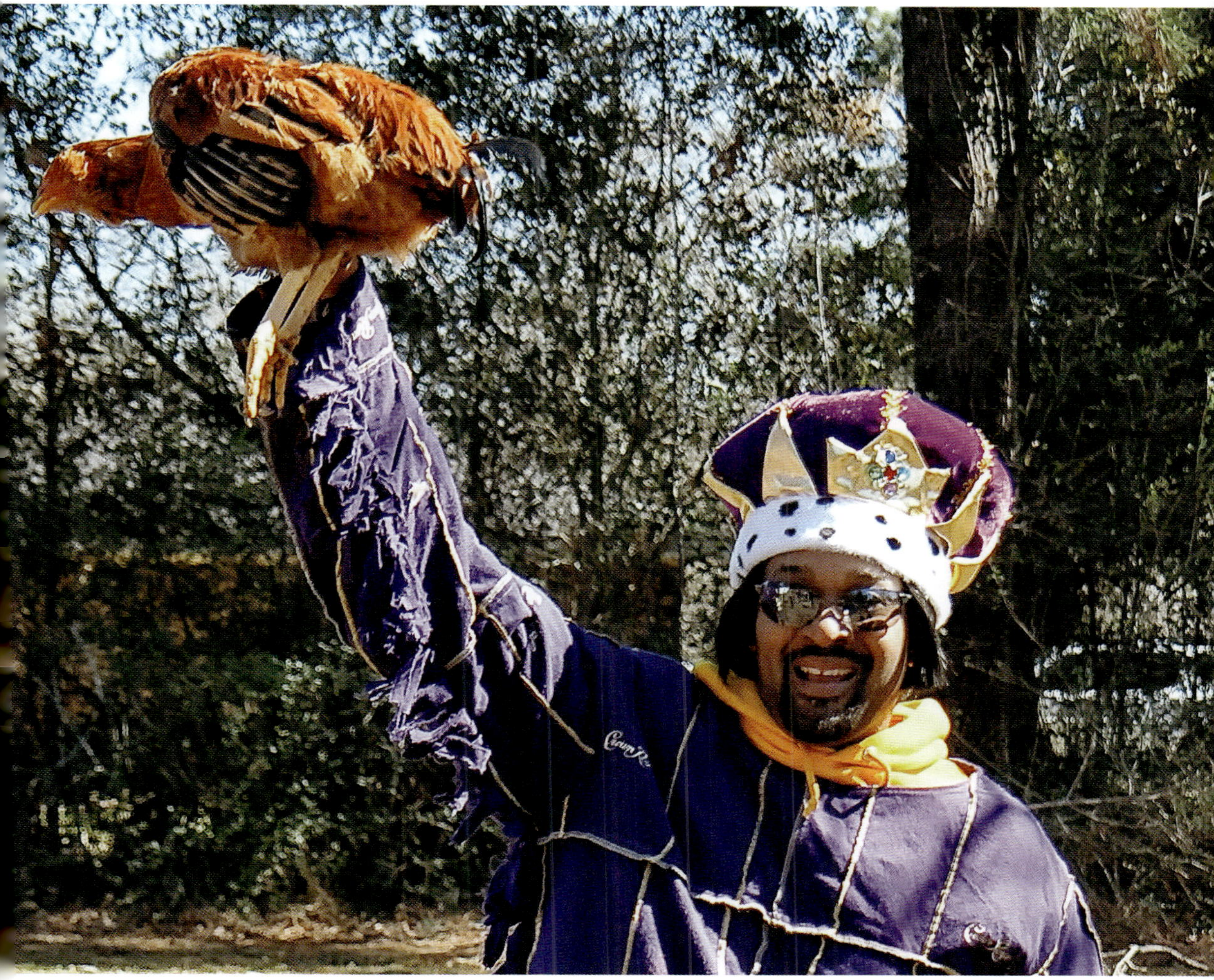

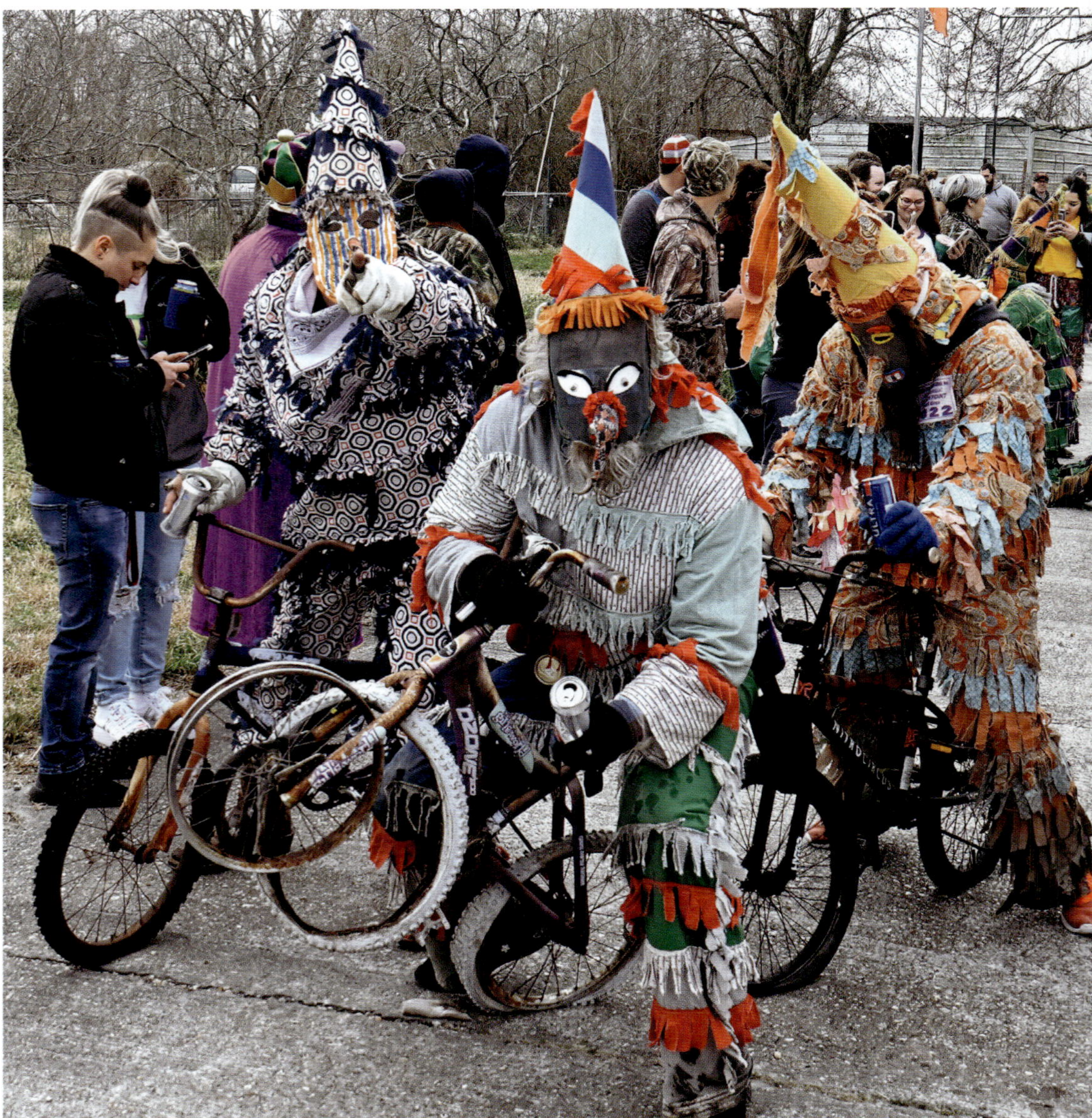

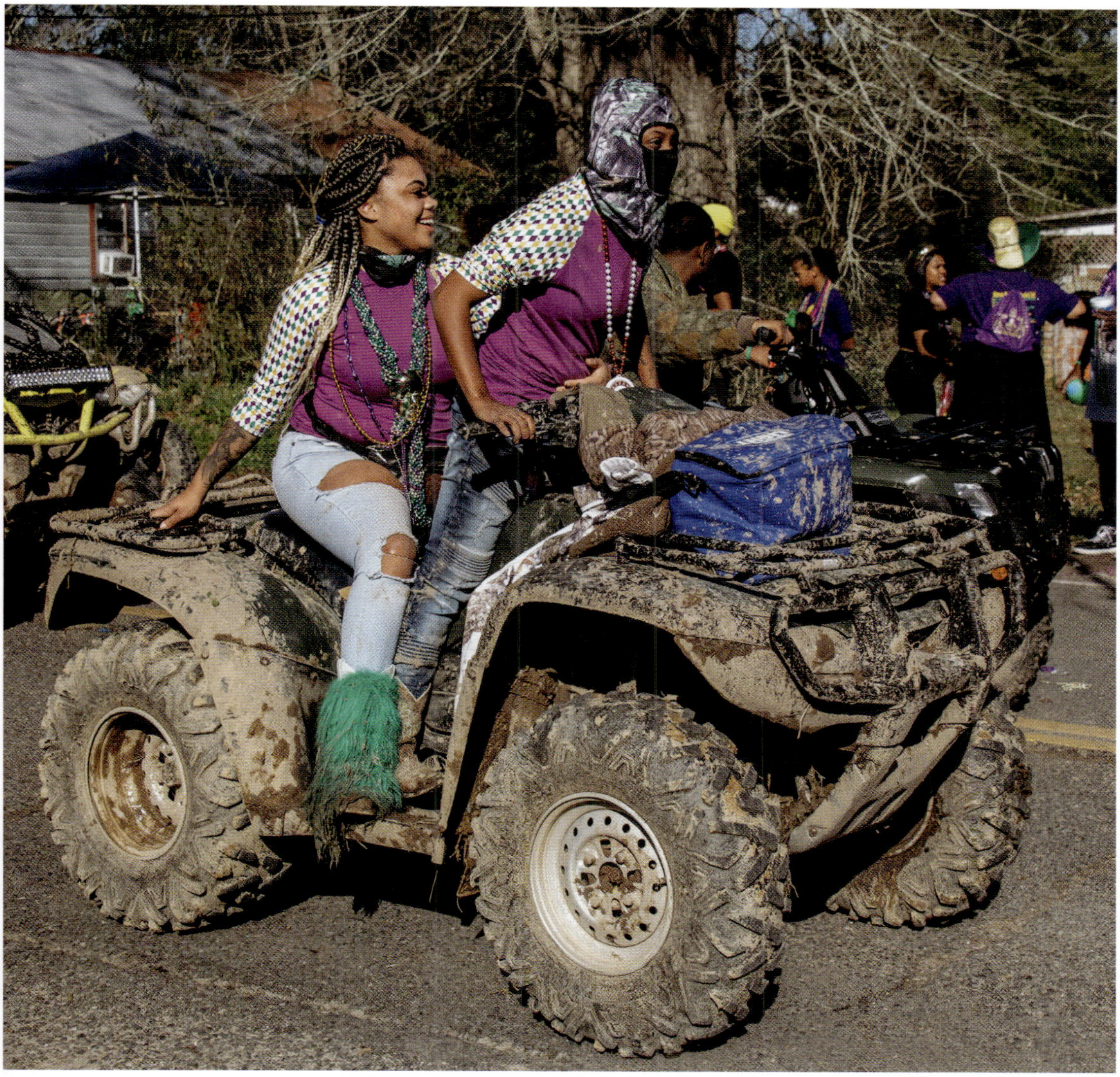

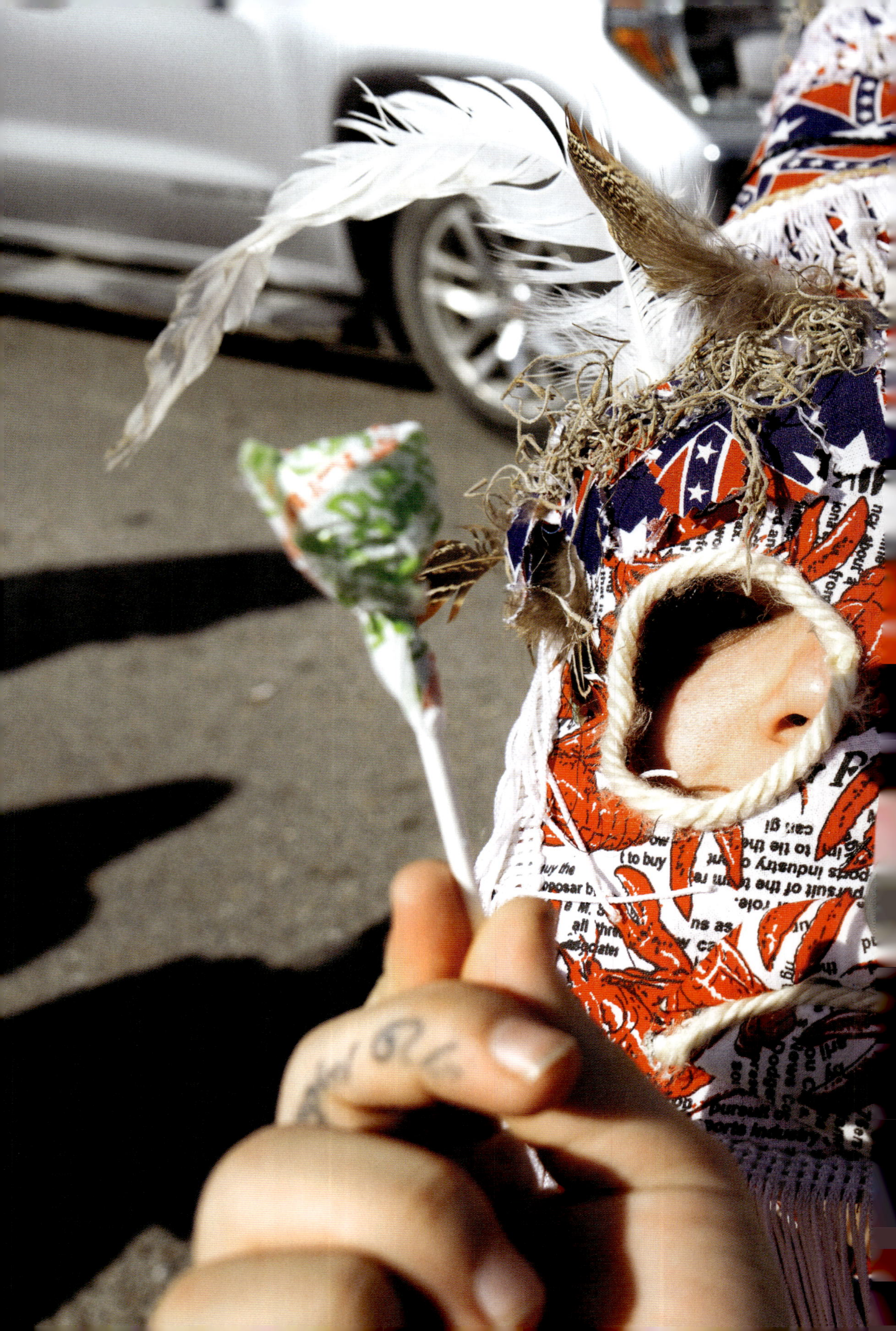

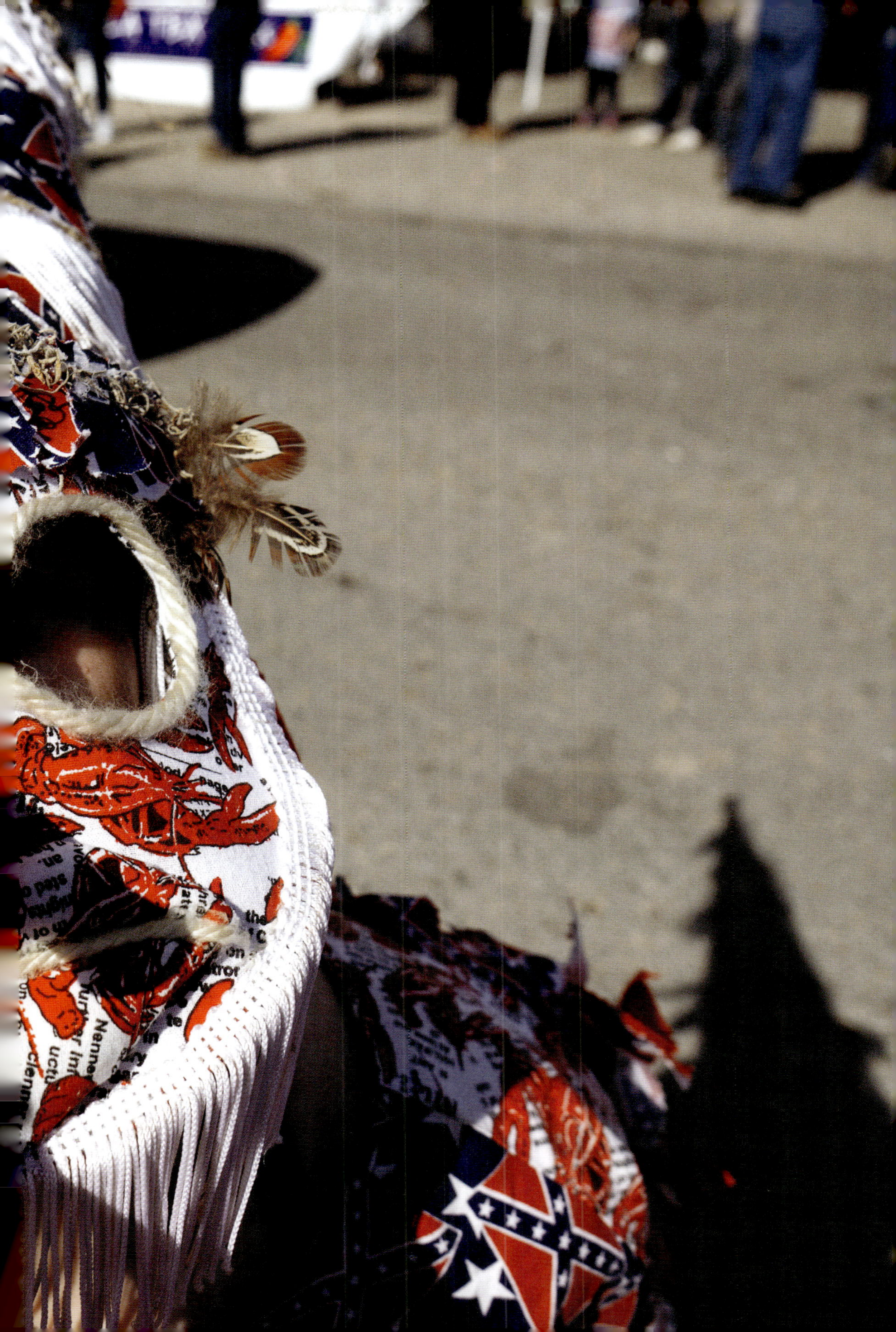

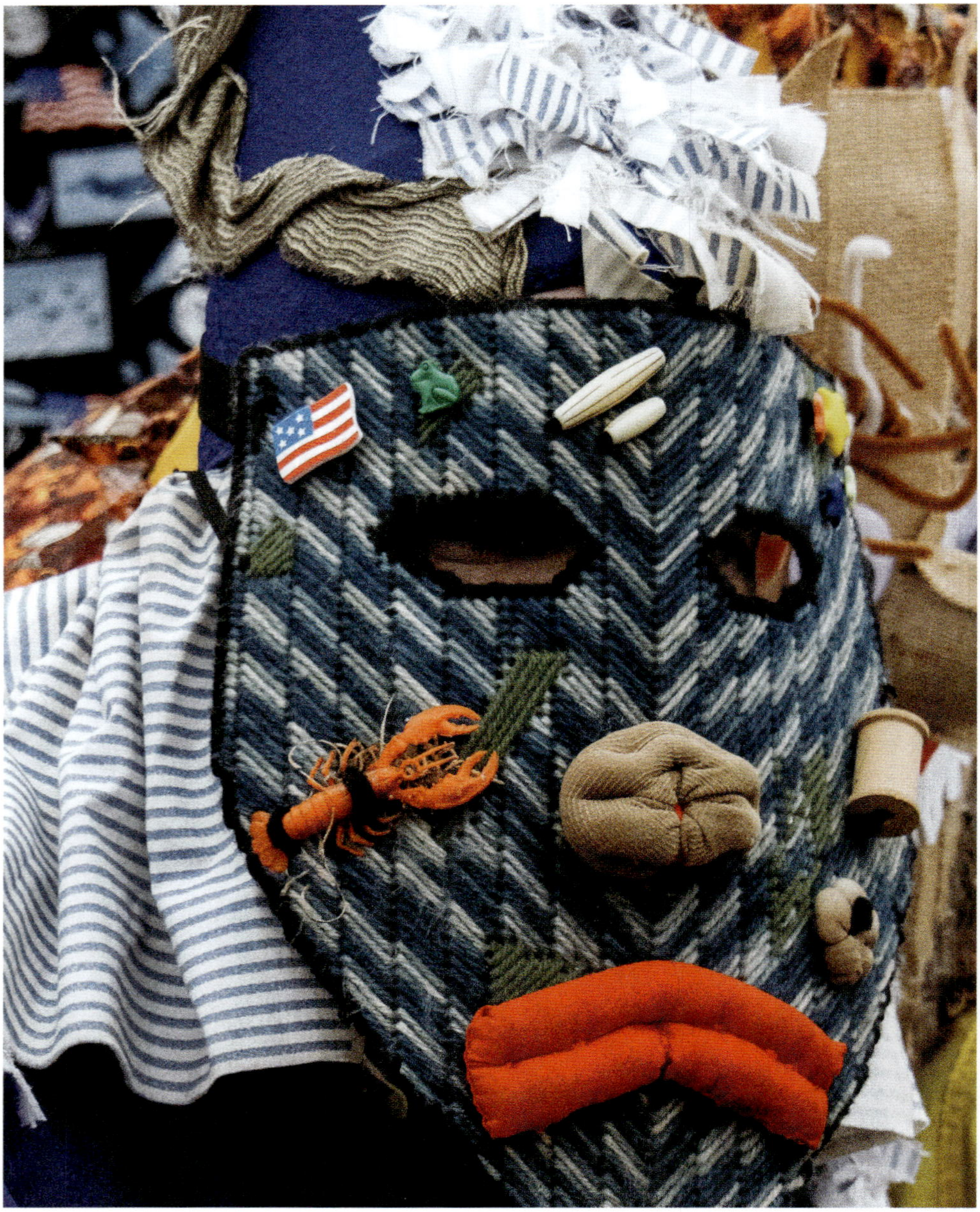

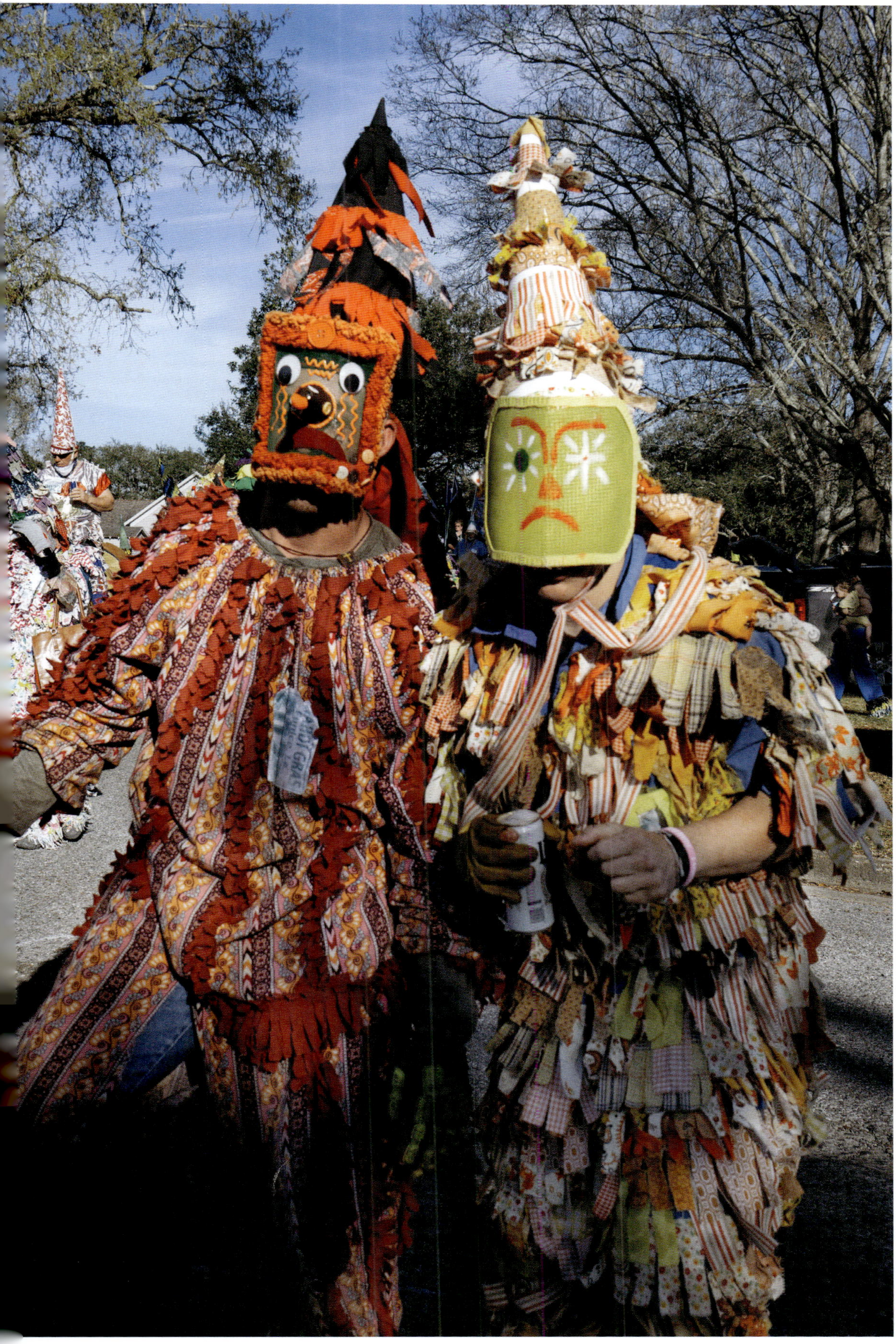

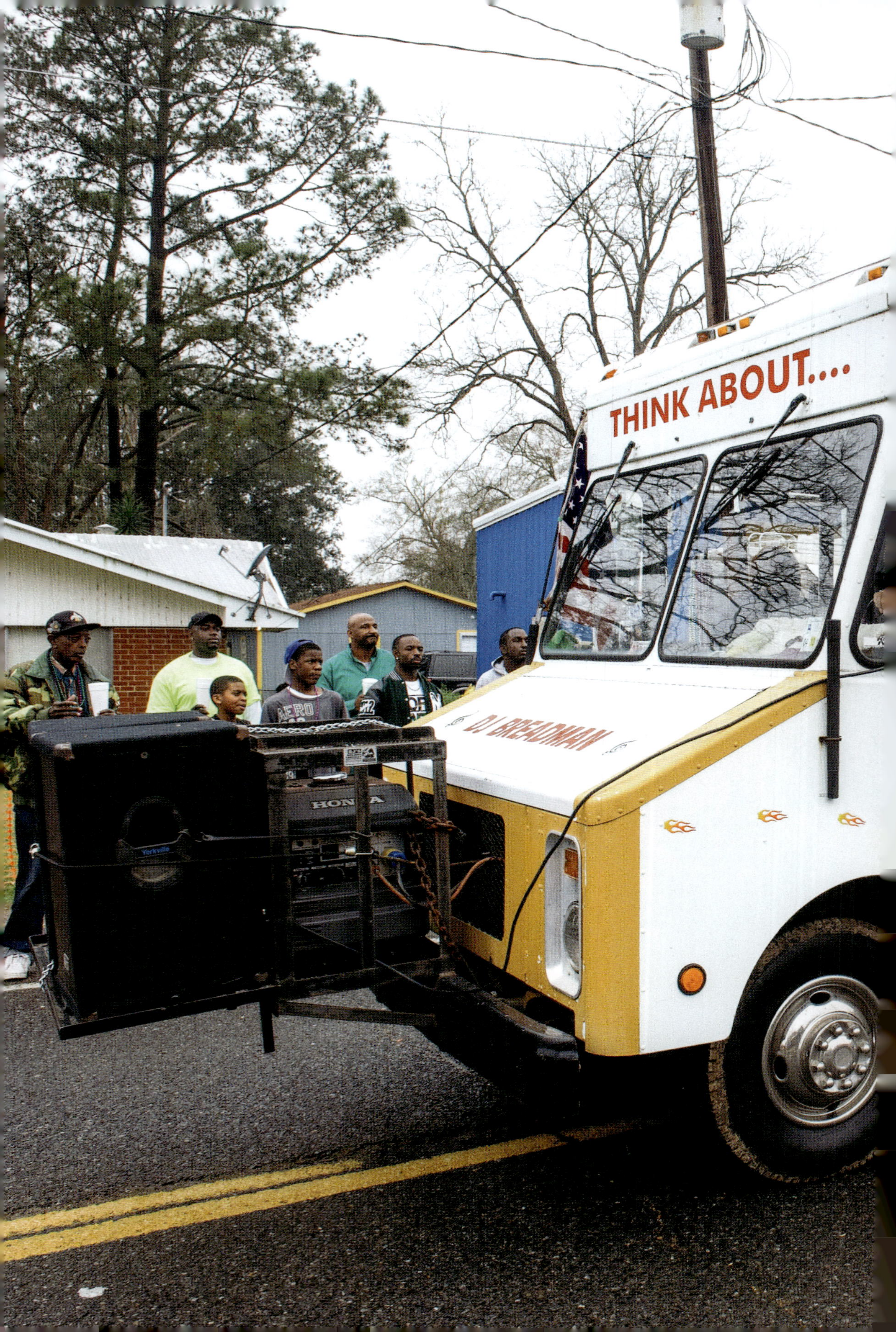
THINK ABOUT....
DJ BREADMAN
HONDA
Yorkville

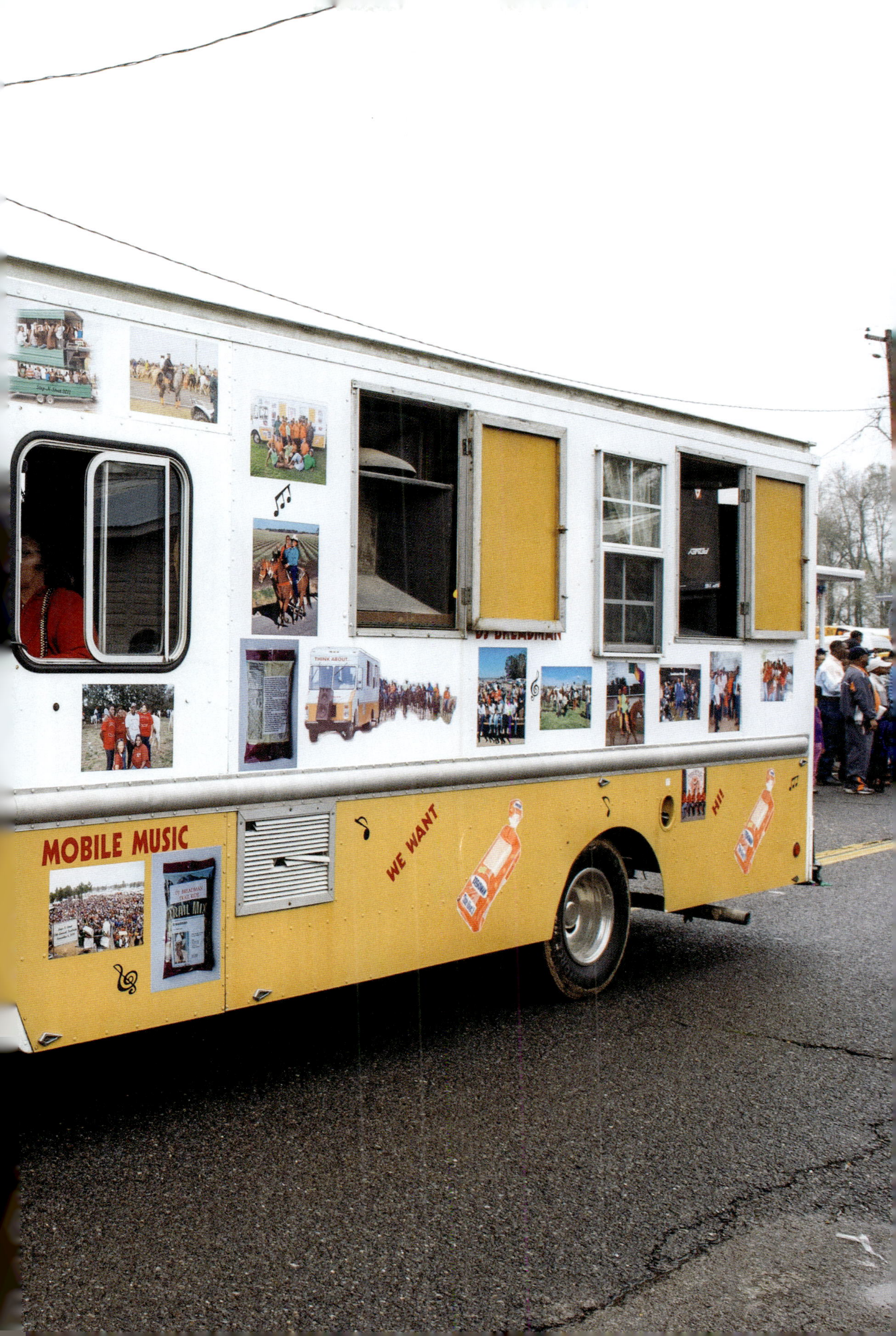
MOBILE MUSIC
WE WANT
HI!

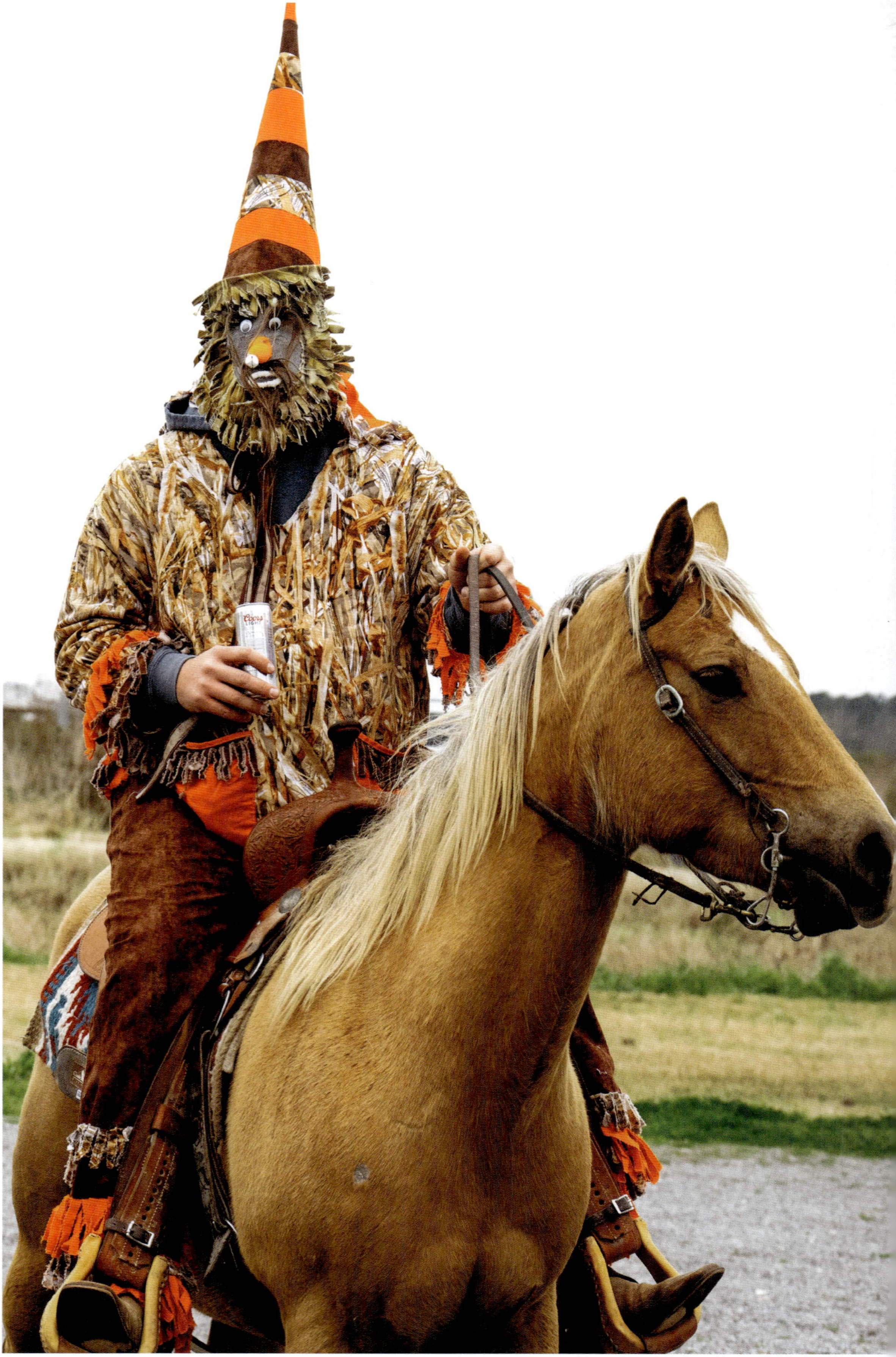
Coors

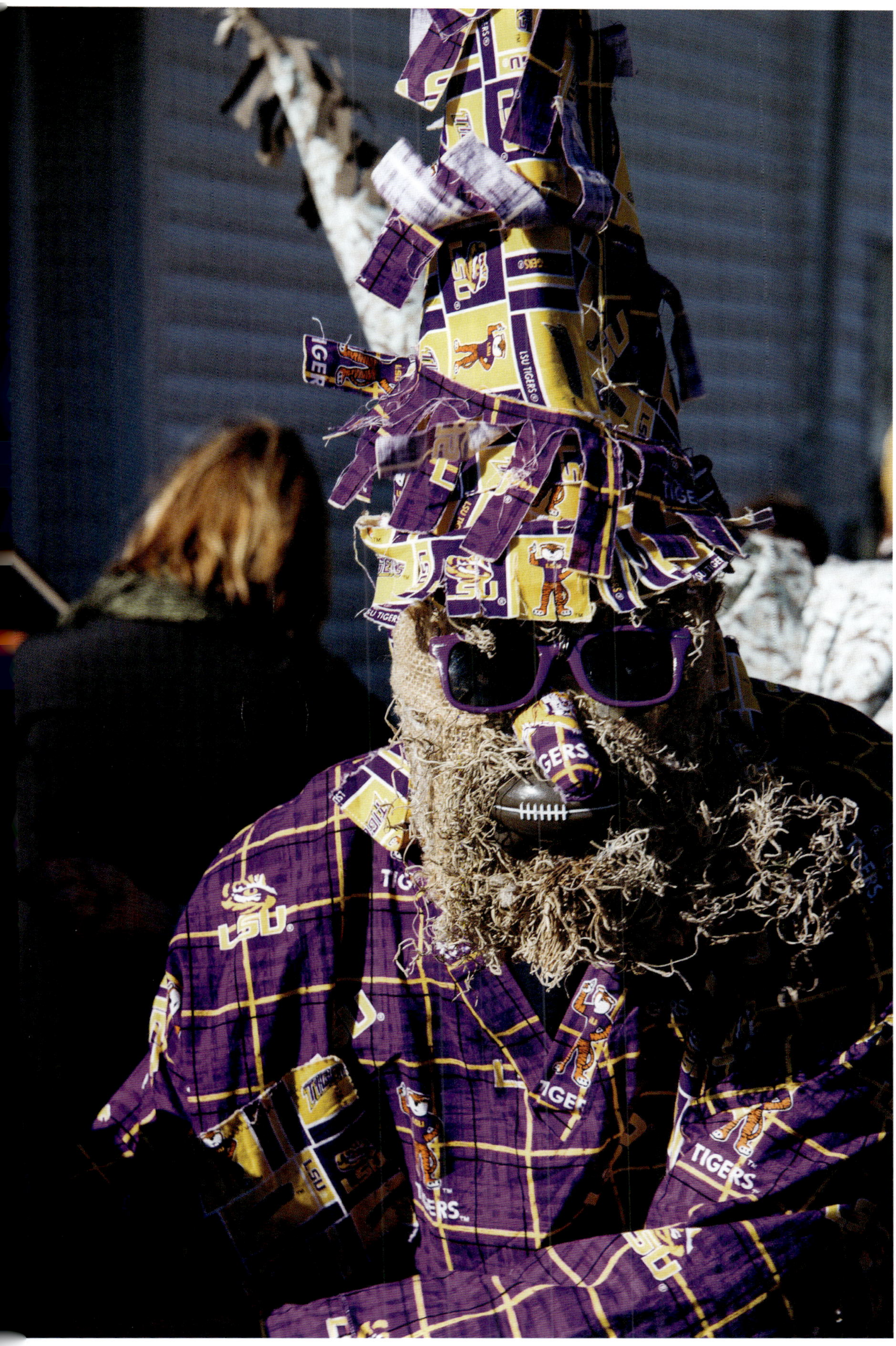
LSU TIGERS
LSU
TIGERS
TIGERS

All pictures by David Simpson. Editing and concept by Olivier Duport.

Published by FLEE Project - 2023